개혁교회의
신앙 교육 매뉴얼
: 청소년 세례·입교 교리 교육

[부모, 교사용]

표시 그림 소개

"Let the children come to me (detail)" W. van den Valckert. 1620.
Museum Catharijneconvent, Utrecht, object no. ABMs00127.

이 그림은 17세기 네덜란드 델프트의 광장 한가운데서 예수님께 나아오는 부모들과 아이들, 아이들의 눈높이로 몸을 낮추시고 안아주시는 예수님과 이 광경을 둘러싸 지켜보는 제자들, 어른들의 모습을 생생히 담고 있습니다. 21세기 복잡한 한국 사회 한가운데서도 우리 자녀들을 예수님께로 데리고 나오는 부모와 교사 되길, 믿음으로 나오는 청소년들 되길 기대합니다.

개혁교회의 신앙 교육 매뉴얼
: 청소년 세례·입교 교리 교육(부모,교사용)

발행	2022년 11월 26일

지은이	강미랑
발행인	윤상문
디자인	박진경, 표소영
발행처	킹덤북스
등록	제2009-29호(2009년 10월 19일)
주소	경기도 용인시 기흥구 동백동 622-2
문의	전화 031-275-0196 팩스 031-275-0296

ISBN 979-11-5886-265-7 (03230)

Copyright ⓒ 2022 강미랑
이 책은 저작권법에 따라 보호받는 저작물이므로 무단전재와 복제를 금지하며,
이 책의 내용의 전부 또는 일부를 이용하려면 반드시 저작권자와 킹덤북스의
서면 동의를 받아야 합니다.

※ 잘못된 책은 구입한 곳에서 교환하여 드립니다.
※ 책 가격은 표지 뒷면에 있습니다.

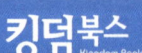 킹덤북스(Kingdom Books)는 문서사역을 통해 하나님의 나라를 확장하고,
한국 교회와 세계 교회를 섬기고자 설립된 출판사입니다.

부모·교사용

개혁교회의 신앙 교육 매뉴얼
: 청소년 세례·입교 교리 교육

강미랑 지음

킹덤북스

목차

들어가는 말 • 6

I. 신앙 교육의 역사 스케치 • 17

1.1. 성경에서의 신앙 교육 • 18

1.1.1. 구약의 신앙 교육 • 18

1.1.2. 신약의 신앙 교육 • 20

1.2. 교회사에서의 신앙 교육 • 23

1.2.1. 초대 교회의 신앙 교육 • 23

1.2.2. 중세 교회의 신앙 교육 • 24

1.2.3. 종교개혁기 교회의 교육 • 26

1.2.4. 종교개혁 이후 도르트 총회, 청교도 신앙 교육 • 29

1.2.5. 경건주의 시대 교회의 신앙 교육 • 31

1.2.6. 현대 교회의 신앙 교육 • 32

1.2.7. 신앙 교육 역사 스케치를 통한 제언 • 33

II. 개혁교회의 신앙 교육과 입교 교육 현황 • 35

2.1. 칼빈의 교회론에서 신앙 교육의 의미 • 36

2.2. 칼빈의 『기독교강요』를 통해 본 개혁교회 성례 교육 • 42

2.3. 종교개혁 이후 교회의 입교 교육 역사 • 51

2.4. 네덜란드 개혁교회의 입교 교육 • 55

2.5. 북미주 개혁교회의 입교 교육 • 62

2.6. 언약적 신앙 교육 • 64

2.7. 한국 교회의 세례 입교 교육 현황 ·67

III. 세례·입교 교육 매뉴얼 ·79

3.1. 공적 신앙고백을 위한 교리 교육 커리큘럼의 실제 ·83
3.2. 교재 구성 원칙 및 교안 활용 방법론 ·84
1과. 나는 하나님의 창조를 믿습니다. ·88
2과. 나는 성경이 하나님 말씀임을 믿습니다. ·96
3과. 나는 삼위 하나님의 "언약"을 믿습니다. ·106
4과. 나는 삼위 하나님의 구원 역사를 믿습니다. ·117
5과. 나는 인간이 타락한 죄인임을 깨닫습니다. ·132
6과. 나는 예수님이 우리의 중보자로 오심을 믿습니다. ·141
7과. 나는 예수님의 십자가와 부활을 믿습니다. ·148
8과. 나는 우리와 함께 하시는 성령님을 믿습니다. ·158
9과. 나는 말씀과 성령으로 인도하시는 그리스도의 몸 된 교회를 믿습니다. ·168
10과. 나는 성령님께서 말씀과 성례로 믿음을 자라게 하심을 믿습니다. ·178
11과. 하나님 나라의 시민 된 나는 하나님을 사랑합니다. ·191
12과. 하나님 나라의 시민 된 나는 이웃을 사랑합니다. ·200
13과. 나는 기도가 하나님이 요구하시는 감사의 행동임을 믿습니다. ·207
14과. 예수 믿는 나는 죽어도 영생 얻음을 믿습니다. ·214
15과. 나는 믿음의 고백으로 성찬의 자리에 나아갑니다. ·226

*참고 문헌 ·238

들어가는 말

유아 세례부터 입교까지의 신앙 교육 매뉴얼이 필요하다

1. 교회 교육 현장의 실제와 교리 교육의 자리

이 책은 총신대학교 신학대학원 선택 수업이었던 개혁주의 교리교수법 강의를 하며 역사적 신앙교육서들을 공부하고, 가르치는 방법을 연구하며 시작되었다. 교리 교육도 성경교수법을 적용하여 소그룹 지도 교안을 만들어주면 교회 교육에 유용하겠다고 생각하여, 수업에서 워크샵을 진행했고, 더 나아가 수업을 들었던 신학대학원 원우들을 중심으로 함께 교리 교육 동아리를 만들었다. 매주 모여서 벨직신경, 하이델베르크 요리문답, 도르트 신조, 웨스트민스터 소요리문답, 기독교강요까지 개혁교회의 교리의 내용을 직접 공부했고, 그 내용을 교회 청소년들에게 가르칠 한 시간 교안으로 만들어 와서 워크샵으로 진행해보았다. 각자의 은사에 따라 한 시간 안에 학생들에게 교리의 내용을 전달하고, 전인적 배움이 일어날 수 있는 교안 만들기의 창의적 시도들을 해보았다. 청소년들의 관심을 끄는 활동으로 시작해서, 교리문답 교육의 핵심 내용을 전달하는 방법을 토론하고 일상의 삶과 연결시키는 적용법, 기억시키는 노래나 암기 과제 등 다양한 시도들을 해보았다.

그리고 교회 청소년부 학생들을 지도하는 현장에서 하이델베르크 요리문답, 웨스트민스터 소요리문답 교리 교육을 진행해왔고, 이것을 바탕으로 자신의 신앙고백에 이르는 것을 목적하는 입교 교리 교육을 실시해왔다.

본인이 청소년부 교육사역자로 섬기는 교회는 중소형 교회로 담임목사님을 중심으로 온 성도가 개혁교회로의 정체성을 세우기로 결단하고 모든 교육 시스템을 새롭게 했다. 장년들은 기독교강요 공부를 시작으로 개혁교회가 어떠해야 하는지 기초부터 다시 공부하게 되었고, 주일 학교, 자라나는 세대들을 위해서는 교사들과 부모들이 합력하여 하이델베르크 요리문답 교육을 시작하였다. 2년에 걸쳐 초등학생부터 중고등학생들의 통합 수업으로 하이델베르크 요리문답을 대그룹 설명과 소그룹 협동 학습으로 교육하였다. 그 이후 그 초등학생들이 청소년부에 올라와서 다시 청소년 수준으로 교리 교육을 받고, 입교 후보자들을 모아 소그룹으로 인격적인 입교 교육을 하며 진지하게 자신의 신앙고백으로 이끌어내는 교육 과정을 진행하고, 전 성도들 앞에서 한 명씩 5분 정도의 진솔한 신앙고백을 하는 입교식을 진행해왔다. 7년 정도 입교식을 진행하며 학생들과 부모들, 성도들이 청소년의 입교식을 매우 진지하게 준비하고, 기대하는 교육의 자리가 되었다.

처음에는 유아 세례 이후 입교받지 않은 청소년들을 다 모아 시작하다보니 중2 학생부터 18살까지 교리 교육을 마친 학생들을 소그룹으로 각각의 신앙의 단계에 따라 시간과 내용을 조절하며 입교 교육을 진행해왔고, 지금은 중2가 되면 입교 교육 15주 교육을 받고, 자신의 신앙고백을 작성하는 묵상의 시간을 거쳐 입교식(공적 신앙고백)을 하게 되는 시스템으로 정착되었다. 그러나 나이가 되었다고 다 입교 교육을 통과하고 공적 신앙고백을 하게 되는 것은 아니었다. 그래서 최대한 사춘기에 들어가기 전에 입교 교육을 시작하려고 노력하고 있다. 한국의 교육 상황에서 중2를 지나면 학업의 부담이 커지고, 발달단계상 자아를 찾아가며 권위에 저항하기 시작하는 시기가 되어 장시간의 집중 교육을 받기가 어려워지는 것 같다. 그래서 대부분의 한국 교회가 해오는 대로 중학교 2학년 나이가 입교에 적기임을 경험으로 확인하였다.

그러나 이렇게 입교 교육이 전 교회 차원에서 지원을 받는 상황에서도 오늘날 학생들에게 교리 교육을 한다는 것은 쉽지는 않다. 그리고 대부분의 열심있는 교회들은 이미 각 교회에 맞는 성경 공부나 신앙 교육 프로그램들을 제공하고 있을 것이다.

그러면 언제 청소년들에게 교리 교육을 할 것인가?

교회사를 통해 오랜 기간 교회의 전통으로 자리 잡고 있는 유아 세례와 입교의 의식이 한국 교회에도 귀중한 교육의 기회를 제공해 줄 것이다. 이미 한국 교회에 자리잡고 있는 이 입교의 시간을 모든 교회들이 교리 교육의 기회로 삼고, 청소년들에게 개혁주의 신앙 정체성을 형성할 수 있기를 간절히 바란다. 그러한 바람에서 이 책은 신앙 교육의 역사, 내용, 개혁교회들의 입교 교육 현황들을 정리하고, 교회의 입교 준비 교육에서 활용할 수 있는 입교 교리 교육 모델 교안을 위해 집필되었다.

2. 오늘날 청소년 신앙 교육의 상황

이제 한국의 개신교 역사는 130여 년이나 되었고, 한국은 더 이상 피

선교국이 아니라 선교 대국으로 부상하였다. 선교 초기 미국의 부흥 운동의 영향으로 파송된 많은 선교사님들의 도움으로 국가의 총체적 절대 위기 속에서도 기독교인으로서 믿음의 정체성을 형성했고, 일제 치하에서 국가의 독립을 위해 헌신하는 민족 지도자들을 배출하였다. 그리고 민족 분단의 참혹한 전쟁 이후에도 가난한 대한민국을 오늘의 경제강국으로 일으켜 세우는데 있어서 기독교인들은 크게 기여하였다.

이제 4차 산업 혁명 시대, 글로벌 네트워트 시대를 맞아 한 개인과 나라가 홀로 설 수 없음을 인정하고 나와 타자, 주변 나라들과 상호 공존하는 지혜를 배워나가야 하는 중요한 시점에 있다. 한국 교회는 1990년대까지 꾸준하게 수적 부흥, 성장을 경험하였다. 국민의 4분의 1에 가까운 기독교인들이 한국 사회 전반에 자리하고 있다. 그리고 한국의 경제력은 세계인이 놀랄 정도로 빠르게 빈곤을 극복하고 경제 강국으로 치솟아 올랐고, 지금은 1인당 국민소득 3만불 시대에 살고 있다. 세계 선교학자들은 한 나라의 경제 성장률이 그 나라 교회의 세속화와 관계가 있다고 진단해왔다. 역시나 한국의 상황도 다르지 않다. 한국은 2000년대를 넘어서면서 교회의 숫적 성장은 멈추었고, 특히 젊은 세대, 청소년의 교회 출석률이 급속히 감소하고 있다.

한국 사회의 급속한 성장의 중요 요인중 하나인 인적 자원 개발, 엘리트 교육적 학교 생태계가 한국의 청소년들을 명문대 입시 전쟁으로 몰아넣었다. 오늘의 현실은 대학 입시를 통한 취직, 성공적, 부유한 인생 설계에 몰입하여 이 땅에서의 행복한 삶에 집중하는 물질중심적 행복관이 오히려 경쟁에 지쳐버린 우리 청소년들을 우울하게 만들고 있다.

신앙의 부모들마저 신앙적 자녀 교육의 방향과 가치를 놓치고, 글로벌 자본주의 경쟁 사회 속에서 생존할 수 있는 엘리트로 자녀를 키워내기 위해 모든 물질과 시간을 투자하고 있다. 아이들이 첫 번째 만나게 되는 거친 인생의 관문, 대학 입시 경쟁에서 믿음으로 준비되지 못한 아이들은 학업 성취에 전념하느라 교회의 모든 예배와 교육을 뒷전으로 하게 된다. 오늘의 청소년들은 부모 세대보다 배고프지 않으나 학교와 학원의 수량적 평가에 의해 자신들의 존재 가치를 폄하하고, 희망을 잃고, 꿈이 없이 살아가고 있다.

이러한 때에 교회는 다시 학교와 사회에서 절망하고 있는 청소년들을 향해 예수님이 주시는 참된 구원의 소식을 전해주어 그들에게 희망의 빛이 되어야 한다. 예수님께서 그들을 그 성적 그대로, 그 모습 그대로 사랑하셔서, 이 땅까지 내려오시고, 십자가의 형벌을 대신 감당하시고, 그들을 절망적 상황에서 구원해내셨다는 복음을 들려주어야 한다.

이미 미국과 영국, 유럽의 국가들에서 경험하고 있듯이, 한국의 청소년들도 교회 출석률 급감으로 미전도 종족이 되어가고 있다. 다시 선교 대상이 되었다. 주일에도 학원들은 보충 수업을 열어 아이들을 오라고 한다. 교회에 오는 학생들도 단 한 시간 예배만 드리고 가버린다. 학원에 가야하거나, 친구들과 놀고 싶어서 가버린다. 그들은 학교와 학원의 입시 경쟁 분위기에 숨이 막힌다. 왜 공부해야 하는지, 그들이 누구인지, 왜 사는지 근원적인 물음들, 공부에 동기가 되어야 하는 근원적 물음을 던질 시간이 없이 산적한 과제들을 수행해야 한다. 잠시 쉬는 시간에는 유일하게 그들을 격려해주는 스마트폰 세계로 들어가 안식을 찾게 된다.

이렇게 지치고 피곤한 아이들에게 교회에서마저 교리 교육을 하자고 모으는 것은 참 안타까왔다. 그러나 그들이 진정으로 쉬어야 할 곳은 그들의 가치를 너무나 귀하게 여기시는 창조주 아버지, 구원자 예수 그리스도, 우리와 늘 함께 계시는 성령님의 품이다. 그들이 진정 이 삼위 하나님의 놀라운 구원의 언약을 배워서 깨달을 때야만 그들은 다시금 일어나 그들의 삶의 길을 당당히 걸어갈 수 있을 것이다.

3. 부모와 교회들이 하나님의 언약을 신뢰하자

극단적 자본주의 사회 속에 살고 있는 우리 아이들만 힘든 것이 아니라, 사실 그들의 부모들이 더 불안하다. 그래서 우리 크리스천 부모들마저 자녀들을 인도하시는 하나님의 돌보심을 놓치고, 세상의 조언을 듣느라 정신없다.

이때 부모들은 우리의 자녀들이 삼위 하나님의 언약 아래 유아 세례 받은 자들임을 기억하고, 아이들을 유아 세례 받게 할 때 고백했던 그 신앙의 자리로 돌아가야 한다. 하나님께서는 하나님의 자녀를 우리에게 맡겨주시고, 돌보아 주시기로 약속하신 것이다.

교회는 유아 세례와 성만찬, 예수님께서 우리의 믿음을 돕기 위해 제정해주신 두 성례를 적극 활용해야 할 것이다. 유아 세례를 받기 전 부모들을 교육하고, 유아 세례 받은 이후 자라난 아이들을 입교를 위해 교리 교육으로 다시 준비시켜서 입교식에 온 성도들 앞에서 부모님과 성도들의 믿음이 자신에게도 있음을 고백하는 시간을 준비해주어야 한다. 그러면 교회의 일원으로 성만찬의 은혜를 누리는 성도의 기쁨을 맛보게 할 수 있다. 주님께서 우리의 연약함을 아셔서 말씀으로 먹여주시고, 세례와 성찬을 통해 반복적으로 우리의 수준에 맞는 눈높이 교육으로 우리의 믿음을 돕고 계신 것을 기억하고, 이 성례 교육을 잘 활용하여야 할 것이다.

청소년들은 그들의 삶을 인도하시는 성령님의 보호를 받아야 하고, 그리스도의 몸의 지체들로 불러 모아주신 교회 공동체의 성도들과 교제함이 필요하다. 그래서 하나님께서는 주일을 기억하여 거룩히 지키라고 하신다. 성도들의 숨통이 될 교회 공동체에 와서 그들을 지으시고, 구원하시고, 보호하시며 끝까지 그 구원을 완성하실 삼위일체 하나님을 만나라고 하신다. 그분이 청소년들에게 힘을 주실 수 있는 원천이시기 때문이다. 부모와 교사는 그들에게 힘내라고 쵸콜렛과 아이스크림을 사주는 것보다 힘의 원천이신 하나님과 관계를 맺어주기 위해 그들을 말씀으로 인도해주는 것이 더 필요함을 기억하자.

그래서 우리는 교리 교육을 다시 발견한다. 하나님이 누구신지, 인간이 누구인지, 교회가 무엇인지, 우리의 믿음은 어떻게 자라는지, 우리는 이 땅에서 어떻게 살아야 하는지, 우리의 미래는 무엇이 기다리고 있는지, 우리가 어떻게 기도해야 하는지 등을 성경을 통하여 역사적 신앙의 스승들이 정리한 핵심 지혜로 그들에게 알려주자.

이 교재는 청소년들이 그리스도인으로서 자신의 정체성을 세워나가기 위해 알아야 할, 그리고 믿어야 할 가장 필수적인 주제를 15과로 압축하여 소개하고 있다. 각각의 주제들 안에서 개혁교회의 신앙의 내용들이 설명될 것이다. 한국 교회 청소년부 상황에서 15주 교육을 하는 것도 쉽지는 않기에 현실적인 최대한의 교육 시간을 가정한 것이다. 그럼에도 이 교육은 시작에 불과하고, 입교 이후에도 계속적인 교리 교육이 필요함을 말해둔다. 신앙은 평생에 걸쳐 발달하고, 하나님의 말씀은 우리의 평생의 양식이다.

이 교재를 통해 함께 공부하는 동안 가르치는 자와 배우는 자가 모두 삼위일체 하나님의 사랑하시는 자녀로서 하나님을 깊이 만나고, 하나님을 더 깊이 알게 되어 하나님을 더 사랑하고, 교회와 성도들을 더 사랑하는 사람들이 되길 기도한다. 그리고 온 세상에 하나님의 사랑을 전하는 전도자요, 소금과 빛으로 살아가는 능력을 힘입길 기도한다.

4. 청소년들에게 말씀의 전신 갑주를 입히자

21세기를 살아가는 우리 청소년들에게 종교개혁 이후 500년 가까이 개혁교회를 이끌어왔던 신앙의 내용들을 전달하는 것은 그들이 이 땅에서 믿음으로 살아야 할 100년 인생과 교회의 다음 500년을 위해 매우 중요하다.

초대 교회와 종교개혁기로 거슬러 올라가 생각해보면 참된 신앙을 갖는다는 것이 얼마나 소중한 것이고, 목숨과도 맞바꾸는 중대한 결정이었다는 것을 다시금 기억하게 된다. 16세기 네덜란드에서 개신교 신앙을 갖는다는 것은 가톨릭 국가인 스페인의 통치하에서 이교도가 된 것이었고, 벨직 신앙고백서라는 성경 교리책을 읽거나, 품고 다니는 자는 잡혀서 사형, 화형, 교수형 등에 처해지는 위험한 일이었다. 그러나 그 당시 참된 교회의 신앙을 알게 된 하나님이 택하신 자들은 오직 구원이 하나님께만 있음을 믿고 해외로 도망자의 삶을 살거나 붙잡혀 순교를 당하는 자가 되기로 결심했다. 그들은 이생을 넘어 영생을 바라는 신앙으로 무장되어 있었기에 재림하시고, 심판하실 예수님을 믿었다. 또 신지는 구원자 예수님과 함께 영원히 왕노릇 할 것을 믿었기에 이 땅에서의 편안한 삶에 집착하지 않았다. 참된 하나님을 믿음으로 영생을 선택하였다.

더 늦기 전에 다시금 개신교회는 참된 신앙을 가르치기 위해 최선을 다했던 교리 교육의 방법론을 되찾아 우리 어린이와 청소년들을 교육하여야 할 것이다. 성령님과 함께 최소한 주일은 하나님께 드릴 수 있는 아이들로 무장시키고, 주중의 삶 속에서도 하나님이 주인 되심을 선포할 수 있도록 성령의 전신 갑주를 입혀야 할 것이다.

한국 교회의 촛대도 흔들리고 있다. 이제 우리 청소년들이 기름을 준비한 지혜로운 다섯 처녀들이 되도록 도와주고, 그들에게 교리 교육으로 전신 갑주를 입혀서 세계의 어떠한 변화 속에서도 참된 신앙을 지켜낼 수 있는, 더 나아가 침몰하는 배를 구출할 수 있는 열쇠를 쥐고 사람들을 주님께로 인도하는 믿음의 리더들로 자라나도록 마음을 다하여 교육하자.

이제 우리는 종교개혁 시대보다 성경 연구에 있어서 한층 신학적 성장을 이루었고, 훨씬 많은 교육 방법론들을 알게 되었다. 학생들이 배우는 방법도 다양함을 알았다. 내용을 전달하는 다양한 매체들도 개발되었다. 그렇다면 그 모든 것을 활용하여 우리가 믿고 예수 그리스도를 주로 섬기며 살아가는 이 귀중한 진리를 다음 세대에게 전하는 일에 최선을 다하자.

이 책은 청소년 교리 교육을 위한 지침서(매뉴얼)로 지역교회 목회자들과 함께 토의하며 준비되었다. 기초 작업에 협력해주신 윤성식 목사님, 김반석 목사님, 박제경 목사님, 이기복 목사님, 박영찬 목사님, 조성공 목사님께 감사를 드린다. 실제적 내용들은 로뎀나무교회 개혁주의 신앙 정체성 교육센터장으로서 청소년 입교 교육 프로젝트를 진행한 수년의 실천적 결과물이다. 특히 세례와 입교의 교육 목회적 틀을 형성하시고 가정과 청년과 자라나는 세대들을 바른 믿음 위에 세워 오신 로뎀나무교회 유병용 목사님께 감사드린다.

그리고 총신대학교 신학대학원 교회사 교수로서 개혁신학적 통찰과 유럽과 미국 개혁교회 답사를 통해 종교개혁의 유산들을 소개해주고, 모든 토론의 파트너이자, 또한 인생의 동반자인 안인섭 교수님께도 감사드린다.

마지막으로 교리 교육서에 대한 애정을 갖고 코로나 시기의 힘든 상황 속에서도 귀한 책들을 기증해주시며 저자가 요구하는 세밀한 것들을 반영하여 교회 현장을 위한 책으로 손색없는 교재를 출판해 주신 킹덤북스(Kingdom Books) 대표 윤상문 목사님께 특별한 감사를 드린다.

이 내용 중 입교 교육 프로그램 개발 이론 부분은 2019년 대한민국 교육부와 한국연구재단의 재정적 지원을 받아 수행되었던 논문의 일부임을 밝힌다(NRF-2019S1A5B5A07107243). 연구비를 통해 네덜란드와 미국 교회들을 직접 탐방하며 현장을 목격하고 실무자들과 인터뷰할 수 있었다. 이 책을 통해 다음 세대가 말씀 위에 굳게 세워지길 바란다.

01

신앙 교육의 역사 스케치

01

신앙 교육의 역사 스케치

오늘의 교회에서의 신앙 교육과 가정, 학교에서의 신앙 교육이 바른 방향으로 가고 있는지를 점검하기 위해서 우리는 역사를 통해 신앙의 선조들은 어떻게 믿음을 교육하고, 전수해왔는지를 살피는 것이 필요하다. 구약과 신약 시대부터 현대에 이르기까지 어떤 신앙 교육을 시행해왔는지, 무엇을 중점으로 교육했는지 맥을 살펴보자.[1]

1.1. 성경에서의 신앙 교육

1.1.1. 구약의 신앙 교육

---

1 Mi-Rang Kang의 *De Brug tussen Geloofsidentiteit en samenleving*(신앙 정체성과 사회 사이에 다리놓기-청소년정체성 개발을 목적하는 성경 교육), 네덜란드 캄펜신학대학교 석사논문, 2000.3. 18-25쪽 참조.

구약의 신앙 교육은 '가정에서의 신앙 교육'이 중요하였다. 그리고 교육의 목적은 여호와를 경외함에 있었고, 이스라엘 백성과 하나님의 관계에 대해 이야기하며, 하나님을 어떻게 경배해야 하는지 가르쳤다. 이것은 신자의 정체성의 중요한 부분이다.

구약에서 신앙 교육은 삶의 길에서 자녀들에게 주의 길의 초보를 가르치는 것이었고, 가정이 중심 교육의 장이 되어 신앙의 실제를 전수했다. 구약의 유대인들은 가정에서 토라의 전수, 회당에서의 모임과 율법 선생의 가르침 등 교육의 세 가지 형태였다.

가르침의 방법에 있어선 듣고 말하며 묻고 대답하는 형식으로 가르쳤다(신 6:6-7). 하나님의 선지자였던 모세는 하나님의 말씀을 선포하고, 부모들에게 가정에서 아이들과 대화하고, 함께 하나님의 말씀에 대해 나누라고 지시했다. 뿐만 아니라 모세는 레위인들에게 중요한 교육적 역할을 맡겼다. 레위인들은 하나님의 사역자들이었고, 이들은 이스라엘 전역에 배치되었다. 모든 가정에 레위인들이 관여되었던 듯하며, 이들의 역할 중 하나가 바로 '가르치는 것'이었다. 이러한 부모와 레위인과의 교육적 협력을 공식적인 교리문답 교육의 시작으로 보기도 한다.

유대인들은 예배는 성전에서 드리고, 말씀을 가르치고 배우는 것은 회당에서 이루어졌다. 아이들의 학교가 회당 안에 설립되고, 다섯 살에서 열 살까지 성경을 교재로 교리문답식 질문과 대답의 형식으로 가르쳤다. 유대인 소년은 12세가 되면 율법의 아들(바 미츠바)가 된다.

하나님께서는 토라 속에, 그 가르침 속에서 자신의 뜻을 계시하시고, 삶의 교육 과정으로 제시하셨다. 이스라엘에서 배움은 지혜를 배움이었고, 율법을 배우는 기쁨이 매일의 삶을 인도했다.

구약의 교육 방법에 있어서 훈련과 징계가 큰 역할을 했고, 교육의 목적은 젊은이들을 통찰과 지혜에 이르게 하고, 하나님의 약속과 계명에 일치한 삶을 살도록 인도하는 것이었다.

이렇게 구약의 이스라엘은 배움의 공동체였고, 엘리트만이 아니라 모두가 배움의 대상으로 토라를 배우는 학습 공동체였다. 그리고 그 교육은 평생에 걸친 교육이었다.

1.1.2. 신약의 신앙 교육

1.1.2.1. 그리스도를 배움

신약에서 신앙 교육의 내용을 한마디로 압축하자면 예수 그리스도를 배움이다. 에베소서 4장 20절은 '예수님을 배움'이 신약의 교육의 핵심임을 알려준다. 독특한 선생님으로서 예수는 자신이 메시아이셨고, 권위 있는 구세주로서 가르치신다. 그의 오심 자체가 '하나님 나라가 임함'이었고, 자신의 삶, 고난 받으심, 죽으심과 부활하심으로 하나님을 계시하신다.

예수님은 당시 랍비들과 달리 자신에게 권위와 능력이 있었고, 그의 말씀의 능력은 하나님 나라의 자유롭게 하시는 능력으로 말씀을 들은 자가 따름으로 반응하기를 기대하셨다.

또한 예수님의 교육은 그의 말씀으로만이 아니라 그의 태도, 행동으로도 가르치셨다. 그의 신앙 교육은 지식적인 것만이 아니라 예수님의 삶 자체가 가치 있는 모범이었다. 신약의 신앙 교육의 내용은 예수님의 장성한 분량에까지 이르는 것을 목적하며, 그것이 교육의 핵심이다.

1.1.2.2. 그리스도와 연합하여 교회 안에서 초보를 배움

예수님께서 승천하시면서 하신 지상 명령에서 신앙 교육의 선교적 성격을 발견할 수 있다(마 28:20, 행 28:31). 이 가르침의 단어는 에베소서 4:21, 골로새서 3:16에서 교회 안에서의 교육에 사용된다. 신약 교회의 상황에서 카테케시스(catechesis)라는 용어로 나타나는데, 그때 신앙 교육은 이방인이나 유대인이나 복음 전도에 의해 믿음을 갖게 되었을 때 기독교 공동체로 가입하기 위한 준비 교육이고, 이 교육을 거쳐 세례를 받게 되었다. 그래서 세례 받기 위해 준비하는 사람들에게 주어진 세례 교육이 가장 중요한 신앙 교육이었다.

이 세례 의식은 주로 유월절 밤에 행해졌는데, 세례는 삶의 전환점이 되었다. 죄에게 종노릇하던 삶에서 세례를 통하여 이전의 삶은 죽고, 그리스도와 연합하여 새로운 존재로 다시 살아나는 완전한 새 생명의 의식이다. 이것이 이방인들에게는 개종의 의식이다. 이러한 점을 근간으로 하여 신앙 교육은 그리스도와 연합하여 교회 안에서 초보를 배우기 위한 교육으로 특징지어진다.

1.1.2.3. 교육 공동체인 교회로의 가입과 삶의 변화

신약에서의 신앙 교육은 학습자가 예수 그리스도를 믿는 믿음 안에서 예수 그리스도를 닮는 공동체, 즉 학습의 공동체로 가입하는 것을 돕는다. 신앙 공동체에 가입한다는 의미는 단지 기관의 회원이 되는 것 이상의 성령 사역이 필요한 과정이다. 그리스도인은 성령의 인도하심을 받아 교회의 회원이 되는 것이기 때문이다(롬 8:14-17).

교회는 교육 공동체이기에 가르침의 은사가 교회에 주어진다(롬 12:7). 신앙 교육은 교회의 사역으로서, 교회는 부모와 자녀들이 예수 그리스도 우리 주님께 그의 삶을 방향 짓도록 하는 지속적인 교육 과정을 제공한다. 교회는 이방 세계 속에서 기독교인으로서 그들의 정체성을 형성하는 교육 공간으로 중요한 역할을 한다.

로마서 6장에서 옛사람이 새사람으로의 변화되는 교육의 의미가 나오는데, 여기서 교육은 먼저 "죽고", "옛것을 버리고", "다시 부활하여", "새롭게 되는 것"이다. 둘째로, 세례를 받고 그리스도의 몸(교회)이 되는 것이다. 세례를 받은 사람은 모두가 제자됨이 특징인 새로운 공동체의 회원이 된다. 이 공동체에 속한다는 것은 삶의 변화를 위한 평생의 교육 과정으로 들어온 것을 의미한다. 교회는 예수님의 제자의 삶을 교육한다. 기독교적 삶은 신앙과 행동이 일치하는 삶이고, 신앙 교육은 삶을 위한 배움이다.

1.1.2.4. 신앙의 의사소통

예수님이 엠마오로 가는 길에 제자들과 나누셨던 이야기(눅 24장)에서 우리는 신앙의 의사소통의 방법을 배울 수 있다. 예수님은 그들의 인생길에 찾아가셔서 그들과 동행하고, 생각을 교류하고, 교대로 설명하고 대화하는 의사소통의 본을 보여주셨다. 목회적이고 신앙 교육적 대화의 과정이 엠마오 이야기에 전형적으로 나타난다.

특히 대화의 구조를 통해 볼 때 엠마오로 가는 길에서 예수님과 제자들의 대화가 중요한 교육 모델이 될 수 있다. 먼저 사람은 자신의 이야기를 말한다. 어떤 사건이 일어났는지 나눈다. 그리고 예수님께서 자신의 이야기를 그들의 이야기와 교차하여 나눌 때 거기에서 신앙의 의사소통이 일어난다.

그 의사소통은 목회적이고 인격적이다. 여기 예수님과 제자들의 대화에서부터 초대 교회 이래 신앙교육서가 질문과 대답의 형식으로 구성되기 시작하여 교회의 실제와 신자들의 실제의 방향에서 묻고 답하는 방식을 갖게 된 것이다. 신앙의 의사소통은 사람들을 예수 그리스도를 믿는 믿음으로 세우는 것을 목적한다.

1.2. 교회사에서의 신앙 교육

1.2.1. 초대 교회의 신앙 교육 - 새로운 삶으로의 세례 교육

카테케시스(Catechesis)라는 단어는 초대 교회에서 교회의 세례 교육을 위한 용어였다. 신앙 교육은 거기에 이방 세계로부터 기독교 신앙으로 성인들을 개종시키는 것과 연결된다. 개종의 표식으로 세례를 거행했고, 세례 교육에서 교회의 교리가 설명되었다. 디다케나 사도들의 12조항 교리가 초대 교회의 일종의 가르침의 책이었다. 2세기의 문화적 상황에서 학습자들은 머리와 의지로 새로운 교리에 그리고 그들이 속하고자 하는 그 그룹의 삶의 패턴에 맞추어야만 했다. 거기에는 높은 윤리적 요구가 따랐다. 당시의 신앙 교육은 급속하게 성례에 참여하기까지 인도하는 교육이었지만 사도신경, 주기도문, 십계명의 피상적 지식 이상의 새로운 삶으로 정체성을 새롭게 하는 수준의 교육이었다.

초대 교회는 가르침의 중요성을 강조했고, 교리문답 교사라는 직위도 만들었다. 이집트의 알렉산드리아 교회는 초대 교회 시대의 모든 교육 기관들 중 가장 훌륭한 학교를 하나 설립했는데 이 학교는 특별히 교리문답 학교로 알려졌다.

아우구스티누스도 보편적 교회의 교사들 중 하나였고, 그는 『배우지 못한 자들을 교리문답으로 교육하기』라는 책을 저술하여 지혜롭게 교리문답으로 가르치는 과정을 자세히 설명했다.

신앙의 성장에 있어서 초대 교회 공동체는 올바른 복음의 선포와 회심으로의 교육이 함께 있는 신앙 교육을 중시했다. 초대 교회 신앙 교육(교리 교육)의 자료는 신앙, 계명, 기도, 성례였다. 초대 교회에서의 카테케시스는 단지 오늘날의 세례 교육 이상의 새로운 신앙과 삶으로의 전인격적 변화를 포함하는 교육이었다.

1.2.2. 중세 교회의 신앙 교육- 상징적 성례 교육과 종교사회화

중세를 암흑기로 보는 견해가 있지만, 예수 그리스도의 교회가 이 시기 동안에도 가르치기를 멈추지 않았으며, 이 시기는 위대한 팽창과 성장의 시대였다고 보기도 한다. 이 시기에 전 유럽에 걸쳐 활발한 교육 프로그램이 많이 세워졌다는 사실도 간과하지 말아야 한다.

6차 콘스탄티노플 공의회(680년)에서 제정한 교회법은 시골에 있는 모든 교회 안에 자선학교 설립을 장려했고, 수도원에 대해 우리가 아는 바에 의하면 대부분의 수도원들은 학교를 설립함으로 인해 시작되었음이 확실하다. 샤를마뉴[2]는 자신의 제국 안에 교육을 활발히 장려했다.[3]

그러나 이러한 교육을 받을 수 있는 대상은 소수에 불과하였다. 그런 면에서 중세의 대중 교육은 상징 교육, 종교사회화라고 말할 수 있다. 중세 교회는 이원론적 세계관의 영향하에 상징과 신비주의 교육 방법을 사용하였다. 성례도 상징적인 교육이었고, 참회의 책, 벌금책을 통해 기독교적 삶을 매우 율법적인 방법으로 교육했다. 중세 교육은 위

---

[2] 샤를마뉴는 프랑스어: Charlemagne, 샤를 대제로, 라틴어: Carolus Magnus, 독일어: Karl der Große로 불리는 서로마 제국의 황제로 카롤링거 르네상스를 일으킨 샤를, 또는 카를 1세이다(747? - 814년).

[3] 『잃어버린 기독교의 보물 교리문답 교육』, 도널드 반 다이켄 지음/김희정 옮김, 부흥과개혁사, 70.

계질서에 의해 성직자와 평신도로 구별되며, 차별이 있었고, 교회 회원으로서 자발적인 사역이 제한되었다. 당시 평신도는 성경을 읽을 수 없었고, 찬송도 할 수 없었다.

중세에는 종교 교육이 사회, 가정, 교회를 통한 종교사회화로 시행되었다. 종교 의식과 관례들에 의해 저절로 신앙 공동체에 속하게 되었다.

1380년경을 시작으로 공동생활 형제단은 벨기에, 네덜란드, 룩셈부르크, 독일 전역에 어린이들뿐만 아니라 어른들을 위한 학교를 설립했다. 또 다른 신실한 종교개혁의 선구자들도 모든 아이들이 스스로 자신의 믿음을 설명할 수 있도록 가르쳤다.[4] 이들은 왈도파(1100-1500년, 남프랑스의 피터 왈도의 추종자들), 위클리프파(1380-1500, 영국의 존 위클리프와 위클리프 추종자들), 후스파(보헤미아의 얀 후스, 1414년 사망)다. 왈도파 사람들은 어린이들이 성경과 믿음의 교리 안에서 자라나도록 했다.[5]

중세 말 왈도파, 공동생활 형제단, 존 위클리프, 존 후스 등은 당시 교회와는 달리 개혁적 시도를 하고 있었다. 그들은 세 가지 점에서 중세교육의 변화를 요구했는데, 첫째, 청소년은 암송 형식의 지식 전달만이 아니라 인격적으로 형성된 교육을 해야 한다는 것, 둘째, 신앙교육서는 교과서로서만이 아니라 크리스천의 공동체적 신앙고백의 표현으로 이해해야 한다는 것, 셋째, 청소년은 무엇보다 성경의 근원으로 인도되어야 한다는 것이었다. 이 세 가지 변화의 방향은 오늘날 우리 교

---

4 "Catechetics, Catechisms, and Catechumens", in *Encyclopedia of Religious Knowledge*, Schaff-Herzog, 417-419. 재인용 『잃어버린 기독교의 보물 교리문답 교육』, 도널드 반 다이켄 지음/김희정 옮김, 부흥과개혁사.
5 『잃어버린 기독교의 보물 교리문답교육』, 도널드 반 다이켄 지음/김희정 옮김, 부흥과개혁사, 71.

회의 교리 교육에 있어서도 기억해야 할 중요한 점이다.

1.2.3. 종교개혁기 교회의 신앙 교육
1.2.3.1. 성경 중심의 신앙교육서

종교개혁기에는 교육에 있어서도 중요한 개혁이 있었다. 특히 신앙 교육에 있어 성경이 중심에 있어야 한다는 것과 신자들의 제사장 직분, 즉 모든 신자들이 신학적 지식을 가질 수 있도록 열어주는 것, 그래서 신앙 교육이 더 풍성해지고, 개인적 이해와 교리를 소화하는데 모든 관심을 기울이게 되었다는 측면들이다. 종교개혁가들에 의해 자국어로 성경이 번역되고, 찬송가가 제작됨으로 성도들도 성경을 읽을 수 있는 기회가 생기고, 찬송도 모두가 드릴 수 있게 되었다.

종교개혁의 신앙 교육의 근거는 언약의 중요성에 있고 모든 어린이들을 향한 언약 사상의 효력과 하나님의 성령의 새롭게 하시는 작용, 신앙지식의 실천적 성격 등이 강조되었다.

종교개혁가들은 교회의 교리, 교회의 실제, 매일의 사회적 삶에 대한 가르침을 교육의 자료로 삼았다. 하나님 말씀의 해석, 성경적 강조가 종교개혁기 신앙 교육의 특징이다.

동시에 종교개혁가들은 교육에 있어서 성령의 역사와 계속되는 작용을 매우 중요하게 생각했다. 신앙 교육의 영적 특성이 묻고 답하는 방법의 신학적 의미에서 더 명백하게 드러난다. 어린이는 대답들을 배우고 암송함으로 하나님의 약속과 계명들을 영적 동시화(더빙)를 통한 것처럼 자신의 것으로 만드는 것을 의미한다. 그래서 묻고 답하는 방식 자체가 의미 있었다. 이 방법은 사실 구약 시대부터 신앙을 전달하는 중요한 방법이었다.

1.2.3.2. 신앙교육서 제작하여 교리문답 교육 활성화

이때 신앙교육서(Catechismus)가 교회의 평신도들의 신앙과 삶을 위한 체계적 학습서로 큰 역할을 했다. 특히 종교개혁 시대의 신앙 교육은 모든 신자들이 하나님 앞에서의 인격적 주체로서 정체성을 세우는 실천적 목표를 가지고 있었다.

특히 개혁주의 신학의 중요한 사상가 루터와 칼빈은 초대 교회부터 있었던 세례 문답 교육을 신앙 교육을 위한 체계적 교리 교육으로 발전시켰다. 1529년 작성된 루터의 대교리문답[6]은 십계명-신조-주기도-세례-성만찬의 순서로 기록되었는데, 이것은 루터가 율법과 복음의 변증적 관계를 위해 이전의 교리들의 순서를 재배열한 것이다. 교리문답은 대상에 따라 사용되었는데 루터의 소요리문답은 부모가 아이에게 암송하도록 함으로, 위급 시에 하나님의 말씀을 기억하여 그 가르침을 따르도록 훈련했고, 대교리문답의 경우에는 내용을 분량에 맞게 구분하여 함께 큰소리로 읽고, 그 후 개념과 역사적 정황을 설명하고, 토론하는 식으로 정기 교육을 했다고 한다.

루터가 대교리문답을 저술한 목적은 철저히 교육을 위한 것이다. 사실 당시에는 사제들조차 성경을 읽을 수 없었던 시기라, 성경의 기본 개념과 가르침을 쉽게 전달하여 우선 무식한 목회자들과 부모를 교육하고, 그들이 성도들과 자녀들을 가르치는 도구로 사용하도록 기획되어 평신도 성경, 어린이 설교라고도 불려졌다.

특히 루터는 모든 사람들에게 어린아이와 같이 학생이 되어서 평생 교리문답을 배우라고 당부하고, 자신도 매일 아침, 그리고 시간 날 때

---

6 마르틴 루터, 최주훈 옮김, 『마르틴 루터 대교리문답』, (서울: 복있는 사람, 2017).

마다 입으로 교리문답을 소리내어 읽고, 연구하는 모범을 보였다.

루터는 매일 읽고 대화하고 생각할 때 성령이 함께 하셔서 세상을 대항할 힘을 얻는다고 말했다. 교리문답서는 성경의 요약본이므로 매일 익히고 실천해야 함을 강조한다. 교리문답서는 그리스도인이 되고자 하는 모든 이들을 위한 가르침이다.

1536년 출판된 칼빈의 『기독교강요』는 개혁교회를 형성하는 중요한 교육적 역할을 수행하게 되었고, 제네바 사역에서 기독교강요를 기초로 제네바 신앙교육서를 작성하여 교회 교육에 활용하였다. 칼빈은 1542년에 두 번째 신앙교육서에서는 질문과 대답의 교수학적 관계를 활용하여 373개의 질문과 대답을 총 55과로 나누어 교회의 교육의 장에서 1년 52주, 그 외의 성탄, 부활, 성령강림절에는 한 과씩 더 배우도록 구성했다. 이러한 칼빈의 교회 교육적 구조가 하이델베르크 신앙교육서에 이어졌다.

칼빈은 루터의 신앙교육서를 본받아 만들었던 첫 번째 신앙교육서와 달리 사도신경을 십계명 앞에 위치시키는 획기적인 변화를 시도하였고, 이 두 번째 제네바 신앙교육서의 내용은 하이델베르크 신앙교육서 내용 구조에 모델이 되며 사도신경-십계명-기도-성례의 가르침의 개혁주의적 교육 신학을 형성한다. 이 하이델베르크 신앙교육서는 1563년에 팔츠의 선제후와 신학자, 목회자의 협력으로 팔츠 지역 도시민을 교육하기 위하여 작성된 요리문답서로 곧 여러 나라 언어로 번역되어 개혁교회의 일치를 위해 중요한 역할을 하게 되었다.

한편 종교개혁기는 중세 교회의 잘못된 것을 개혁하는 과정에서, 중세에 형식적이고 의식적 절기로 전락한 사순절을 폐지하게 되는데 이때 안타깝게도 초대 교회 세례 준비 과정에서 가장 중요하게 여겼던 사순절의 교육적 요소들까지 함께 사라지게 되었다. 종교개혁기에 세례를 중심으로 한 초대 교회 교리 교육의 핵심 교육 기간이었던 사순절의 전통이 개혁되어 다시금 새롭게 자리 잡았다면 오늘날 교리 교육의 중요한 장이 될 수 있었을 것이다.[7]

칼빈의 말씀과 성례, 권징의 의미에서 이 세례 교육은 매우 중요한 위치를 차지한다. 오늘날의 교리 교육이 다시 세례, 입교 교육과 연결되면 더욱 효과적인 교육이 이루어질 수 있을 것이다.

종교개혁 시대 모든 종교개혁자들(루터, 멜랑히톤, 칼빈, 츠빙글리, 베자, 녹스, 크랜머 등)과 교회들이 신실한 마음의 태도를 가지고 교리문답 교육을 지지했다고 할 수 있다.

1.2.4. 종교개혁이후 도르트 총회(Synod of Dort), 청교도 신앙 : 철저한 교리 교육

종교개혁 이후, 네덜란드 의회는 아르미니우스주의 논쟁을 해결하기 위해 1618년에서 1619년까지 도르트 총회를 소집했다. 이 회의는 아르미니우스 추종자들이 개혁교회의 교리들 특히 벨직 신앙고백서를 거부하며 하나님의 은혜 교리를 훼손하는 것을 막기 위해 여러 나라의 개신교 교회 대표들을 초청하여 이루어진 국제적 회의이다. 이 회의의 앞부분의 일부 시간은 전적으로 교리문답에 할애되었다. 이 회의의 의장이었던 요하네스 보헤르만은 가톨릭의 예수회가 어린이들과 젊은이들의 교리문답 교육에 피나는 노력을 기울이고 있는 이 시점에 개혁교회들이 교리문답 교육을 게을리해서는 안 되는 필연성을 강조하며 변론했다.

---

7 정두성, 『교리 교육의 역사』, (서울: 세움북스, 2016), 179.

그리고 각 나라의 대표들이 교리문답 교육 경험을 나누었다.

영국인 대표들은 학교 교사들이 학생들을 매주 교리 교육으로 훈련하고, 주일에는 아이들이 교리문답을 암송해야 한다고 주장하였고, 독일 헤센 지방에서 온 대표들은 모든 지역의 장로들이 8세 이상 세례자의 명단을 갖고, 이 아이들이 교리문답교실에 잘 참여하는지 확인할 것을 권장했음을 말했다. 동네덜란드 엠던(Emden)에서 온 대표들은 자신들 지역의 5-6세의 아이들은 막힘없이 교리문답 질문을 암기하고 있으며, 8-10세의 어린이들은 교리문답 전체를 알고 있다고 보고하였다. 이 회의를 통해 칼빈주의 5대 교리라고 할 수 있는 도르트 신조 (Canons of Dort)가 형성되었을 뿐만 아니라 여러 가지 교리문답 교육 방법이 채택되었다.[8]

영국의 청교도들은 영국을 떠나 네덜란드 레이든(Leiden)에 정착해서, 도르트 총회의 결정 사항들과 또한 자신들의 영국적 유산도 간직하며 살다가, 다시 미 대륙에 정착하기 위해 배를 타고 떠났다. 그들이 1620년 미국의 플리머스 록(Plymouth Rock)에 도착한 초기 이민자 영국인들이었다. 당시 대부분 초기 영국인 이민자 가정에는 교리문답, 시편, 성경이 있었다고 한다. 청교도들이 세운 학교에서는 교사들이 교리문답으로 아이들을 훈련하였고, 교회에서는 매년 교리문답을 암송하였다. 이 교리문답의 전통이 미국의 초기 청교도 이민자들이 전해준 유산이었다.[9]

---

8 『잃어버린 기독교의 보물 교리문답 교육』, 73.
9 『잃어버린 기독교의 보물 교리문답 교육』, 73.

1.2.5. 경건주의 시대 교회의 신앙 교육 - 신앙 경험, 성경의 모범을 배움

종교개혁기 후기로 가면서 교리 교육의 실천적 성격이 약화되고, 굳은 정통이 되어가는 경향이 나타나자, 곳곳에서 경건주의 운동이 일어난다. 그래서 경건주의는 교리보다는 인격적 신앙의 선택과 신앙 경험에 더 많은 강조를 두게 된다. 특히 루터파 경건주의자 필립 야곱 슈페너(Philipp Jacob Spener, 1635-1705)와 헤르만 프랑케(Hermann Francke, 1663-1727)는 이러한 통찰을 신앙 교육에 드러나게 했다. 신앙 교육의 목적은 경건한 사람을 기르는데 있으므로, 그리스도 안에서 이루어진 하나님의 구원 사역의 빛에서 신자의 경건을 양육하는데 초점을 맞추게 되었다. 그들은 전수해야만 하는 교리에 우선순위를 두는 것이 아니라 학생들 각자의 고유한 어떤 것을 만들어주고자 한다. 교리의 객관성보다 학생의 주체성에 관심을 가지게 되었다.[10] 이러한 루터파 경건주의 신앙 교육은 경건, 성경의 모범들을 배우는 데 초점을 두게 된다. 그러나 성경의 교리보다 개인의 경건으로 강조점이 이동하면서 경건이 윤리적인 삶이 되어 점차 교리에 있어서 자유주의적 경향이 나타나고, 공공의 선을 강조하는 박애주의 교육으로 발전하게 된다.

한편 칼빈이 말하는 성경적 경건의 의미를 담보한 채 성경의 요약으로서의 교리를 놓치지 않는 네덜란드의 개혁파 경건주의는 개혁주의 교리를 계승해 나간다. 벨직신경, 하이델베르크 요리문답, 도르트 신조의 개혁교리를 가지고 전 유럽, 아메리카, 아프리카, 아시아로 퍼져 나가 개혁교회의 교리로 하나의 교회, 국제적 개혁주의를 형성한다. 이들에게 교리는 교회를 하나 되게 하는 성경적 신앙 체계이다.

10　Dingemans, *In de leerschool van het geloof*, (kampen:kok, 2000), 172-173.

1.2.6. 현대 교회의 신앙 교육-학생 중심의 자유와 자율 추구

유럽의 신앙 교육의 큰 변화는 계몽주의에 의해 일어났다. 계몽주의와 낭만주의 시대에는 어린이들이 자신의 고유한 가능성을 개발하는 것으로 관심이 옮겨갔다. 틀에 맞춘 교육이 아니라 자신의 본래적 모습을 찾도록 하는데 관심을 기울였다. 이 시기의 교육은 사회의 역할 모델을 제시하며, 과거의 축적된 문화를 전달하는 사회화의 기능과 자유, 해방의 과정에서 자신의 가능성을 발전시키는 것을 돕는 해방 교육이었다.

계몽주의 이전의 교회의 교육에서는 성경이라는 학습 내용이 중심에 있었으나 현대의 교육은 점차 학습 내용을 그대로 학생들에게 전달하는 것보다는, 교사가 학생들의 삶의 정황을 이해하고 학생과 학습 내용 사이의 변증법적 과정을 거쳐 특정한 학생과 성경과 교회의 전통이 만나는 대화를 돕는 신앙 교육을 하고자 한다. 자유와 자율을 추구하는 현대의 교육 경향은 신앙 교육의 자리에서 교리를 배제하게 되었고, 점차 성경의 역할이 축소되고 있다.

오늘날 특히 4차 산업 혁명 시대를 맞는 현재는 모든 기존의 질서가 붕괴되고 새로운 차원을 준비하고 있다. 더욱이 코로나19 팬데믹을 맞은 글로벌 교회들은 교회당에 모여 예배드리는 것마저 불가할 정도로 위기에 처하였다. 이제 교회의 신앙 교육은 교육의 파트너인 가정과 더 깊은 관계를 가지고, 부모 교육을 강화하고, 대그룹보다는 소그룹, 또는 일대일로 학생들을 양육할 새로운 교육 환경, 내용, 방법의 개발이 필요하다. 대면 예배, 수업도 불가해져서 비대면 예배, 교육 등이 시작되었고, 온라인 매체들의 발전으로 거리를 넘어 장소도 초월하여 교사와 학생과 학습 내용이 만나고 소통할 수 있는 새로운 교육 방법들이 쏟아지고 있다.

함께 모여 공동체성과 섬김, 나눔을 경험하는 측면의 교육은 약해질 수 있으나 일대일로 만나 신앙의 대화를 깊이 있게 할 수 있는 새로운 국면이 열리기도 하였다. 위기라면 절대 위기이지만 기회라면 또 새로운 재생, 갱신의 기회가 될 수도 있다. 교리 교육은 어떠한 상황에서도 가능하며, 준비된 교리 교사, 훌륭한 교리문답서, 배움을 갈망하는 학생만 있으면 시대가 바뀌어도 인간의 근원적 질문들을 통해 성경으로 답하며 하나님 나라를 소개하고, 하나님 나라에서 누리는 삶으로 초대할 수 있다. 이러한 측면에서 어떠한 현대적 학습 활동보다 내면에 묻고, 성경을 통해 답하며 진행하는 교리문답법은 역사적으로 검증된 귀중한 방법이다.

1.2.7. 신앙 교육 역사 스케치를 통한 제언:

교리 교육은 신앙 교육의 큰 차원에서 이해해야 하고, 현대의 교육으로 오면서 성경의 핵심 내용과 교수 학습의 의사소통 방법 개발과 학습의 장의 변화에 따른 맞춤형 교수 방법의 개발이 요구됨을 보았다. 그리고 교리의 지식적 전달만이 아니라 예수님과의 연합이라는 삶의 총체적 변화를 이끌어내는 올바른 지식 위에 열매 맺는 헌신적 삶의 교육적 과정이 필요함을 보게 되었다.

중세의 신앙 교육은 성례의 교육적 효과와 절기의 교육적 사용, 종교 사회화를 통해 신앙의 영역을 교회 밖의 일상으로까지 펼쳐야 함을 오늘의 교육에 비판적으로 적용할 수 있다.

종교개혁자들이 되찾은 성경 중심의 신앙 교육과 개혁주의 교리를 교리문답서로 작성하여 가르쳐온 전통은 한국 교회가 개혁교회로 든든히 세워지고, 다음 세대에게 개혁 신앙을 전달하여 참된 믿음으로 그리스도의 몸된 교회를 세워가는 데 매우 필요하다. 그리고 경건주의와 현대의 교육이 발견한 학생들의 발달 단계 이해와 학습자의 자발적 참여의 중요성도 신앙 교육에 담아낼 수 있기를 바란다.

02

개혁교회의 신앙 교육과 입교 교육 현황

02

개혁교회의 신앙 교육과
입교 교육 현황

2.1. 칼빈(John Calvin, 1509-1564)의 교회론에서 신앙 교육의 의미

종교개혁 이후 신앙고백주의 시대에 다양한 교회의 신앙고백서들이 곳곳에서 작성되었는데, 개혁주의 신학의 큰 스승인 칼빈도 기독교강요에 이어 신앙교육서를 작성하여 신자로 하여금 기독교 신앙의 기본적인 것을 배우게 하여 영들을 분별하고, 자기가 믿는 기독교 신앙을 변호하는 능력을 함양시켜주고자 했다.

제네바 제2의 신앙교육서는 1536년 기독교강요처럼 인생의 주된 목적은 하나님을 알고, 하나님의 영광을 위해 힘쓰라는 것으로 시작한다. 이 인생의 목적에 대한 1문은 1647년에 만들어진 웨스트민스터 대, 소요리문답에 그대로 옮겨진다. 칼빈의 신앙교육서의 구성은 하나님에 대한 신뢰(신앙), 하나님 앞에서의 순종(율법), 하나님을 부르는 일(주기도), 하나님에 의한 구원의 찾음(성례) 등으로 하이델베르크 신앙교육서의 모본이 된다.[1] 결국 칼빈의 개혁 사상이 제네바 신앙교육서에, 하이델베르크 신앙교육서, 웨스트민스터 신앙고백서[2] 등 개혁교회의 신앙고백, 신경, 교리문답서들에 많은 영향을 주었다. 네덜란드의 개혁주의 교회들도 하이델베르크 신앙교육서, 벨직 신앙고백서, 도르트신경 등을 교회를 하나 되게 하는 신조(일치 신조)로 사용하였다.

종교개혁가들에 의해 다시 시작된 교리문답 교육은 개혁교회의 교리, 신앙고백의 총체로 전 유럽에 흩어진 개혁교회 성도들을 신앙으로 하나 되게 하는 교육서의 역할을 하였다. 18세기 계몽주의의 영향으로 세속화된 교회에서 교리 교육이 외면당하고, 그 영향력이 축소되어 갔으나, 청교도들이나 화란 개혁교회의 디아스포라들을 통해 미국, 캐나다, 남아공, 아시아까지 개혁 신앙이 전파되는 중요한 역할을 하였다.

개혁주의 신앙 정체성을 형성하는 교리 교육을 위해 칼빈의 기독교 강요에 나타난 교육 개념을 살펴보고, 칼빈의 기독교강요에 나타난 교육관을 교회론의 측면에서 정리해 보고자 한다.[3] 칼빈은 하나님과 인간의 관계를 교사와 학생의 관계에 비유하여 설명하였고, 하나님의 인간에 대한 인도를 하나님의 교육으로 보았으며, 성령과 또는 성경을 '교사'로 칭하기도 하였고, 교회를 학교로 비유하기도 하였다.

---

1 정일웅, 종교개혁 시대의 기독교 신앙의 가르침, 54-60.
2 하이델베르크 요리문답은 청교도들의 신학과 17세기 개혁신학에 중요한 영향을 미친다. 윌리암 퍼킨스가 하이델베르크 요리문답의 우르시누스의 영향을 받았고, 그의 신학이 웨스트민스터 총회에 영향을 주었다고 한다. 김홍만, "하이델베르크 요리문답과 웨스트민스터 소요리문답서의 비교", 「한국개혁신학」 40 (2013), 10-11.
3 양금희, "교육의 관점에서 읽는 칼빈의 교회론", 「長神論壇」 17(2001): 329-357.

2.1.1. 교회는 그리스도와의 연합을 위해 세우신 교육 기관

칼빈은 우선 그의 기독교강요 4권에서 교회를 '예수 그리스도와의 연합을 위하여 하나님께서 세우신 외적 수단과 도움'이 곧 교회라고 한다. 칼빈은 '그리스도와의 연합'이라는 단어를 신자들이 평생에 걸친 성화의 과정에서 이룩해야 할 과제로 보았다. 그러므로 '성화'를 교회의 본질적인 사명으로 강조하는데 이것은 곧 '교육' 혹은 '양육'의 강조로 볼 수 있다.

기독교 교육은 피교육자들로 하여금 '예수 그리스도와 인격적인 관계를 맺게 하고, 계속적으로 신앙이 성장하도록 돕는 행위'이다.[4] 계속적인 그리스도와의 연합을 유지시킴으로써 신자들의 신앙을 성장시키는 것이 교회의 사명으로 말하는 칼빈의 교육적 교회론은 기독교 교육의 핵심적인 과제를 잘 설명한다.

2.1.2. 인간 교사를 통한 "하나님의 교육(paedagogia Dei)"

칼빈에 의하면 하나님께서는 인간이 무지하고 태만한 것을 아셔서 우리에게 믿음을 일으키고, 목적지까지 전진시키기 위해 외적인 도움으로 교회를 세우셨다고 한다. 이러한 하나님의 교육 목적을 위하여 교회 안에 하나님의 교육을 수행하는 목사와 교사를 임명하셔서 자기 백성을 가르치게 하셨다. 그리고 교회 안에 우리의 신앙이 자라도록 보조 수단을 주셨는데, 그것이 성례이다. 예수님께서 직접 제정하신 두 가지 성례, 즉 세례와 성찬을 통해 하나님께서는 우리의 믿음이 자라도록 말씀과 함께 사용하라고 주신 것이다. 하나님이 우리의 아버지가 되시듯

---

[4] 양금희, "교육의 관점에서 읽는 칼빈의 교회론", 467-468.

이 교회는 어머니로서 하나님의 교육을 수행하며 우리를 양육하는 역할을 한다(갈 4:26).[5]

하나님은 인간 교사를 통하여 인간을 양육하신다. 하나님이 피교육자인 우리가 이해할 수 있는 수준과 통로로 교육하시기 위하여 인간 '교사'를 선택하시는 것이다. 인간을 통하여 교육하지만 그것은 하나님의 교육, 즉 하나님이 주체가 되시고 이끌어 가는 교육이라는 것이다. 즉, 교회의 교육은 철저히 '성령의 역사'를 힘입어 일어나야 한다. 선택된 인간 교사는 그 속에서 '능력으로 역사하시는 이(성령)의 역사를 따라'(골 1:29) 일할 뿐인 '하나님의 동역자'이다(고전 3:9).

2.1.3. 성례 - 하나님의 눈높이 교육

칼빈의 하나님 교육을 설명해 주는 대표적인 특징은 "하나님의 자기 조절(accommodatio Dei)", 즉 피교육자인 인간의 수준에 맞추어 자신을 조절하시는 '하나님의 눈높이 교육'이다.[6]

칼빈에겐 이미 하나님이 교회를 세우신 것, 그리고 인간 교사를 세우시고 그의 백성을 가르치시는 것 자체가 인간에게 자신을 조절하여 다가가시는 그의 눈높이 교육이다. 이것은 교회의 여러 세부적인 삶의 표현들에서도 확인되는데, 특별히 '성례전'은 그 대표적인 예이다. 칼빈은 성례를 먼저 "우리의 믿음을 돕는 또 하나의 수단"[7]이라고 정의한다. 곧, 성례가 교회가 갖는 양육적 사명의 일환임을 분명히 밝히고 있다.

이처럼 칼빈은 성례란 인간이 육체에 속한 존재이기 때문에 우리의

---

5 존 칼빈, 김종흡 외 공역, 『기독교강요 하』 IV권 1장 5절, (서울: 생명의 말씀사 1986), 14.
6 기독교강요 IV, 1,1.
7 기독교강요, IV, 14, 1.

육체적 특성에 맞게, 물질적인 것으로(떡과 포도주, 물 세례) 가르치시는 하나님의 눈높이 교육이라고 하였다. 성례에 사용되는 물질적인 것을 통해서 하나님은 우리에게 영적인 것에로 인도하신다.

특별히 그는 성례는 "보이는 말씀"으로서 "하나님의 약속들을 그림에 그리듯이 분명한 형상으로 그려서 우리의 눈앞에 보여주고 있다"고 하였다.[8]

칼빈은 하나님의 교육이 하나님에 의한 교육이듯이 그의 일환인 눈높이 교육으로서의 성례는 반드시 성령에 의하여 인도되어야 함을 말한다. 성례가 그 임무, 즉 예수 그리스도를 나타내고 우리들의 신앙을 더 굳게 하기 위하여서는 반드시 '성령'이 함께 하는 것이어야 한다는 것이다. "성례가 그 임무를 올바르게 수행하려면 반드시 내적 교사인 성령께서 오셔야 한다. 성령의 힘이 아니면 마음속에 침투하고 감정을 움직이며 우리의 영혼을 열어서 성례가 들어오게 할 수 없다."[9]

2.1.4. 권징-삶으로 실천하는 가르침

칼빈은 또한 그의 "권징"(disciplina)의 개념에서 교회의 양육의 책임과 실천적 방식을 잘 보여주고 있다. 권징은 칼빈의 교회론 안에서 특별히 교인들의 삶을 지도하고, 감독하는 기능인데, 루터나 멜랑히톤의 교회 개념 안에는 없는 칼빈적 교회의 특징이다. 칼빈은 교인의 삶 전반을 교회가 동반하고 교육한다는 의미로 이를 사용하고 있는 것을 볼 수 있다. 그래서 그는 권징을 다루고 있는 12장 1절을 "디시플리나"와

---

8 기독교강요, IV, 14, 7.
9 기독교강요, IV, 14,9. in 양금희 "교육의 관점에서 읽는 칼빈의 교회론", 479.

'가르침'을 의미하는 "독트리나(doctrina)"를 나란히 놓고 설명하고 있다. "그리스도의 구원의 가르침이 교회의 영혼이라면, 권징은 교회의 힘줄이다."

칼빈은 권징을 이 구원의 가르침과 나란히 놓고 보면서 이 가르침이 인지적인 가르침이라면 권징은 그를 삶으로 실천하는 가르침으로써 구원의 가르침을 뒷받침 해주는 역할을 한다고 하였다.[10] 그렇게 볼 때 권징은 말씀 선포와 성례가 바른 기능을 담당하도록 보조하는 기능을 하고, 가르침의 이론적 교육을 실천적 교육으로 보완하는 교회의 전인교육적 차원의 의미를 가졌다고 할 수 있다.

권징은 또한 '공동체적 교육'의 차원에서 의미를 지닌다. 칼빈은 권징의 목적을 세 가지로 지적하고 있다. 첫째, 잘못된 삶을 사는 자에게서 그리스도의 이름을 빼앗는 것이다. 그것은 그리스도의 몸인 교회가 썩는 지체에 의해서 부패되지 않게 함이다. 둘째, 선한 지체가 악한 지체로 인하여 타락하게 되지 않도록 하기 위함이다. 셋째, 잘못된 자로 하여금 회개하도록 하기 위함이다.[11]

이처럼 칼빈이 제시하는 권징의 목적은 궁극적으로 그리스도의 몸인 교회를 바로 세움으로써 모든 신자들이 바른 길을 걷도록 하는 데에 있다. 칼빈의 "권징"은 무엇보다 먼저 교회의 교육이 단순히 말씀과 교리에 국한될 것이 아니라 삶과 연결시키는 전인성을 지향해야 함을 우리에게 시사해준다. 더 나아가 권징은 교회 자체가 교육의 주체임을 밝혀주며 교회 공동체 전체를 통하여 이루어지는 교육의 중요성을 우리에

---

10 기독교강요, IV, 12, 1.
11 기독교강요, IV, 12, 5.

게 가르쳐준다.

2.2. 칼빈의 『기독교강요』를 통해 본 개혁교회 성례 교육

칼빈은 기독교강요(최종판) 4권 14장부터 17장에서 성례와 세례, 유아 세례, 성찬과 성찬으로 말미암은 유익을 자세히 다루고 있다. 입교는 이러한 성례 교육의 과정에 있는 교육적 의식이다. 그러므로 기독교강요로부터 요약한 성례의 의미의 맥락에서 입교를 이해해보자.

1) 성례의 의미[12]

(1) 성례라는 말의 뜻은 하나님의 언약의 표로서 설명되는데, 말씀과 함께 믿음을 돕는 또 하나의 수단이다.

즉 성례는 "약한 믿음을 붙들어 주기 위해서 주님의 선한 뜻의 약속을 우리 양심에 인치시는 외형적인 표징"이다. "우리 인간의 편에서는 그 표징에 의해서 주의 천사들과 사람들 앞에서 주께 대한 우리의 충성을 서로 증거하는 것"이다.

그런데 성례에 있어서 중요한 것은 그 표징에 앞서 주어진 약속이 있기에 그 약속에 결합하여 의미를 갖게 되는 것이다. 그래서 성례의 목적은 하나님께서 이미 주신 약속을 확인하고 인치며 더 분명하게 하는 것이다. 성례는 하나님께서 연약한 인간의 눈높이에 맞게 교육하시는 방편으로 하나님의 말씀에 대한 우리의 믿음을 확립하기 위해서 필요

---

[12] John Calvin, *Institutes of the Christian Religion*, 원광연 옮김, 『기독교강요 하 최종판; 21세기를 위한 새로운 완역본』, (파주: 크리스천다이제스트, 2010), 333-66.

하다. 그런데 이러한 표징은 말씀 없이 시행된다면 많은 오해를 낳을 수 있기 때문에 칼빈은 성례를 통해 믿음을 낳기 위해 복음 선포가 필요함을 강조한다. 그래서 목회자들은 성례를 시행할 때 분명한 음성으로 말씀을 선포하여 성례의 표징이 지시하는 하나님의 약속을 신자들에게 전달한다.

성례의 이해에 있어서 중요한 내용은 '언약'이다. 성례에 앞서 주어진 그 약속을 주님께서는 언약이라 하신다(창 6:18, 9:9, 17:2). 그리고 주님의 성례를 언약의 표라 하시고, 사람 사이의 계약, 약속에 사용되는 비유를 쓰신다.

(2) 교회에서 행해지는 성례전을 통하여 하나님의 말씀의 진실성을 더 확실하게 한다.

이러한 측면에서 칼빈은 어거스틴(St. Augustine, 354-430)이 성례를 "보이는 말씀"이라고 한 것을 인용한다. 그리고 성례는 "우리 믿음의 기둥"이다. 건물이 기초 위에 있지만, 기둥으로 받쳐야만 확고히 서는 것처럼, 믿음은 분명 하나님의 말씀을 기초로 삼아 그 위에 세워지지만, 성례가 첨가될 때 기둥으로 받친 것처럼 튼튼하게 될 것이므로 하나님께서는 성례를 제정해 주셨다. 필자는 이 표현에서 믿음의 두 기둥인 유아 세례와 성만찬을 연결하는 입교 교육 프로그램을 "신앙의 집 기둥 세우기"로 명명하였다. 또한 칼빈은 성례를 "거울"로 비유한다. 우리에게 풍성하게 베푸시는 하나님의 은혜를 그 거울 속에서 볼 수 있다. 성례를 통해서 우리에게 자신을 나타내시며, 우리에 대한 그의 선하신 뜻

과 사랑을 말씀을 통한 것보다 더 명백하게 확인하시기 때문이다.[13]

(3) 개혁주의 신앙은 성령의 역할을 놓치지 않는다. 따라서 칼빈은 성례를 통해 우리의 믿음을 도우시는 성령의 역할을 강조한다.

우리의 믿음을 강화하고 증진시키는 일은 성령께서 하시는 일이다. 성령께서 내적 조명으로 우리의 마음을 성례가 제공하는 확증을 받을 수 있도록 준비시키시기 때문에 믿음이 더해지고 굳세어 진다고 주장한다. 성령께서는 우리 귀에 들리는 말씀과 눈에 보이는 성례가 헛되지 않도록, 그 말씀이 하나님께서 하시는 말씀이라고 우리에게 알려주시며 완고한 우리의 마음을 부드럽게 하시고 당연히 순종해야 할 주의 말씀에 순종하도록 준비시키신다. 이렇게 성령께서는 외적인 말씀과 성례를 우리의 귀로부터 영혼에 전달해주신다. 성령께서 말씀을 통하여 하나님을 알게 지식을 주셔서 우리에게 하나님의 선하신 뜻을 드러내 주시고 성례로 우리의 믿음이 굳게 서도록 할 뿐만 아니라 강하게 하신다.[14]

2) 성례의 기능

성례는 하나님과 인간의 언약 의식으로 하나님께서는 인간에게 주신 약속을 이루실 것을 확인해주시고, 인간은 그 속죄와 구속에 대한 감사와 믿음을 고백하는 의식이다. 성례가 사람들을 하나로 뭉치게 만드는 기능이 있다. 하나님께서는 인간에게 경건을 도와줄 보조 수

---

13   John Calvin, *Institutes of the Christian Religion*, 『신학인을 위한 존 칼빈의 새영한 기독교강요 하』, 549.
14   Calvin, 『신학인을 위한 존 칼빈의 새영한 기독교강요 하』, 557-59.

단으로서 성례가 필요함을 아셨기에 성례를 제정하셔서 우리의 경건을 돕게 하신다. 그러므로 교회는 정기적으로 성례를 시행해야 한다. 이런 성례의 의식을 성례전이라 하고, 이 의식에 의해서 하나님은 그의 백성을 훈련시키고자 하신다. 이렇게 칼빈은 성례전을 하나님의 인간 교육을 위한 수단으로 교육적으로 이해하였다.

3) 세례의 의미와 작용[15]

(1) 칼빈은 4권 15장에서 세례는 우리가 죄 용서를 받으며 그리스도의 죽음과 부활의 축복에 참여한다는 표징이고, 그리스도 안에 접붙임을 받아 하나님의 자녀의 일원으로 인정받고, 그리스도의 회에 받아들여지는 입문의 표시라고 한다.

(2) 세례의 목적과 효력

세례의 목적은 하나님을 믿는 우리의 믿음을 돕는 것, 사람들 앞에서 행하는 우리의 고백을 돕는 것이다(막 16:16). 세례의 효력은 물에 있는 것이 아니라 말씀에 있다는 것이 중요하고, 우리의 죄 씻음을 보증하는 예식이다(벧전 3:21). 세례의 모든 수단들을 통해 우리의 생각을 오직 그리스도께 고정시키려 하는 것이다.[16]

세례는 한 사람의 일생에 단 한 번 받는 것으로 언제 세례를 받든지 우리의 온 생애 전체가 단번에 깨끗이 씻겨지고 정결케 되는 것이다. 그러므로 우리는 우리가 연약할 때마다 세례로 인하여 우리는 죄 사함

---

15 Calvin, 『기독교강요 하 최종판: 21세기를 위한 새로운 완역본』, 367-90.
16 Calvin, 『기독교강요 하 최종판: 21세기를 위한 새로운 완역본』, 368.

받은 사람임을 기억하고, 확신해야 한다. 세례의 능력은 평생에 미치는 것이다.

또한 우리의 믿음이 세례로부터 얻는 또 하나의 유익은 우리가 그리스도의 죽으심과 부활에 접붙임을 받았다는 것에 대한 확실한 증거뿐 아니라, 우리가 그리스도 자신과 연합하여 그의 모든 복들을 함께 누리는 자들이 된다는 증거이기도 하다(갈 3:26-27).

(3) 세례식

세례는 하나님께서 하나님의 동역자로서 목사를 통하여 하나님의 언약의 표를 주시는 중요한 의식임과 동시에 세례 받는 자가 사람들 앞에서 자신의 믿음을 고백하는 시간이다. 세례라는 표에 의해서 하나님의 백성으로 여김을 받고 싶다는 소원을 온 회중 앞에서 공포하는 것이다. 즉 이미 세례 받은 모든 그리스도인과 함께 같은 하나님을 예배하고 같은 신앙을 가졌다는 점에서 세례 받는 자신도 일치함을 믿음의 고백을 통해 증명하는 자리이기도 하다. 세례를 통하여 믿음을 일으키고 자라게 하고 강하게 하기 위해 하나님께서 인간에게 주신 것이다.

칼빈은 다음과 같이 세례 예식을 진행하도록 제안한다. 교회마다 이미 교단의 예배 모범에 따라 시행되고 있겠지만, 다시금 그 정신과 의미를 되새기기를 바라는 마음으로 칼빈이 제안한 세례식의 구성을 정리하고자 한다. 칼빈은 세례를 베풀고자 할 때 세례의 주인이신 하나님께로부터 온 예식임을 기억하면서

① 그 후보자들을 신자들의 회중 앞에 세우고,

② 온 교회가 증인으로서 바라보며 그를 위해 기도하며 그를 하나님께 드리고,

③ 예비 신자들에게 반드시 가르쳐야 할 신앙고백을 낭송하고,

④ 세례 시에 받을 약속들을 말하고,

⑤ 성부와 성자와 성령의 이름으로 그 후보자에게 세례를 베풀며(마 28:19),

⑥ 마지막으로 기도와 감사로 마치면 좋겠다고 한다.[17]

이러한 칼빈의 제안에 따라 교회는 세례가 진정으로 그리스도인 됨의 복된 자리, 거룩한 교회에 입문하는 자리, 새로운 피조물로서 새로운 삶으로의 입문하는 축하와 기쁨의 자리로 또한 개개인의 신앙고백과 감동을 공적으로 표현할 수 있는 기회, 같은 믿음으로 한 지체됨을 축하하는 감사와 기쁨의 자리로 인식하고 중요하게 거행해야 할 것이다. 세례에 있어서 공동체 속에서의 신앙고백과 삼위 하나님의 약속을 기억하는 것이 중요하다.

그러면 입교는 이 세례와 어떻게 연결되는가?

4) 유아 세례

입교를 이해하기 위해서는 특별히 유아 세례의 의미를 정확히 이해해야 한다. 세례 교인의 가정에서 태어나는 아기들은 언약의 자손으로 유아 세례를 받게 된다. 칼빈은 그리스도께서 어린아이들을 불러 축복하셨고(마 19:13-15), 천국이 이런 자의 것(마 19:14)이라 하셨기에 유아들에게도 언약의 표징을 허락하는 것이다.

칼빈은 유아 세례에서 오는 은혜에 주목한다. 유아 세례의 유익은 부모들과 유아들 모두에게 있다. 이와 같이 어린이들에게 전달된 하나님

17　Calvin, 『기독교강요 하 최종판; 21세기를 위한 새로운 완역본』, 385.

의 표징은 경건한 부모에게 주신 약속을 확증하는 것이다. 부모뿐만 아니라 후손들에게도 하나님이 그의 인애와 은총을 주시고, 그의 자손 천대에 이르기까지 주고자 하신다는 것(출 20:6)이 확실케 되었다고 선언한다. 우리의 연약함을 아시고, 주의 언약이 자녀들의 몸에 새겨지는 것을 자기 눈으로 보면서 더 확신이 생기도록 하신다. 교회에 접붙임을 받았으므로, 교회 다른 지체들에게 더 인정받고, 장성해서는 하나님을 섬기겠다는 열의가 더 고무되도록 한다.

유아 할례가 하나님의 명령이듯이(창 17:12-14) 유아 세례도 같은 경우로 이해한다. 세례 받은 어린이들 안에서 성령은 역사하신다. 만약에 선택된 유아들이 중생의 표지를 받았으나 장성하기 전에 죽으면, 주님은 성령의 역사로 그들을 새롭게 하신다. 장성해서 세례의 진리를 배울 수 있는 나이가 되면, 갓난 아이 때 중생의 표를 주어 평생 그 뜻을 묵상하게 했다는 것을 알게 될 때 새로워지겠다는 열심이 일어날 것이다. 이때를 우리는 입교의 시점으로 포착할 수 있다.

5) 세례와 성만찬 참여의 차이

칼빈은 유아 세례를 말하고 나서 세례와 성만찬의 차이를 설명한다. 유아에게 세례는 가능하나 성만찬에 참여하는 것은 자기를 성찰할 수 있고, 성만찬의 의미를 이해할 수 있는 일정한 나이가 된 자에게 허용되어야 할 것을 말한다(고전 1:28).

구약에도 세례에 해당하는 할례는 유아들에게(창 17:12) 허락되었으나, 주의 만찬으로 대체된 유월절에는 아무 손님도 참가시키지 않고, 그 뜻을 물을 만한 나이가 된 사람들만이 합당하게 먹었다(출 12:26, 43-48).

칼빈은 성경에 근거하여 성만찬 참여의 자격은 자기를 성찰할 수 있고, 성만찬의 신비를 이해할 수 있는 나이로 본다. 이러한 성경적 기준에 의하면 오늘날 여러 교회들이 시행하기 시작한 어린이 성만찬 허용은 조금 이르다고 할 수 있다.

6) 입교 (공적 신앙고백)의 의미[18]

칼빈은 기독교 강요 4권 19장에서 당시 로마 가톨릭이 성경에 규정되어 있지 않은, 일종의 축복 형식에 불과한 안수례인 견진(Confirmation)을 성례로 제정하여 세례를 완성하는 의미로 시행하며, 기름 바름으로 성령의 은혜를 받고, 전투를 위한 준비라고 하는 견진례는 세례의 가치를 떨어뜨리고 기능을 모호하게 하거나 말살시킨다고 비판하였다. 즉 견진례는 성례가 아니며, 여기에서 기원한 입교도 명확히 성례는 아니다. 그러면 입교는 왜 행하는 것인가?

칼빈은 고대 그리스도인들에게 있었던 교육적 관습은 보전되기를 바라며 견진을 교육적 효과를 위하여 사용하기를 권한다. 즉 어린이들이나 청년기에 가까운 사람들이 교회 앞에서 신앙을 고백하게 하는 교육 방법으로서 그것을 보존하자는 것이다. 이러한 칼빈의 견진 이해를 토대로 개혁교회에서는 견진을 입교로, 또는 '공적인 신앙고백'으로 부른다.

칼빈은 이 교육이 효과적으로 이루어지기 위한 최선의 교육 방법은 '지도서(manual)'를 준비하는 것이며, 거기에는 모든 기독교회가 이의 없이 찬성하는 대부분의 신조를 간단하게 요약해서 포함시켜야 한다고

---

18 Calvin, 『신학인을 위한 존 칼빈의 새영한 기독교강요 하』, 887-909.

하였다. 필자의 연구 작업은 칼빈이 포착한 교육의 전통적 자리에 사용하는 이 지도서 즉 입교용 신앙 교육 매뉴얼을 만드는 작업이다. 이미 개혁교회 전통이 가지고 있는 요리문답서들이 있으나 한국 교회의 청소년 교육 상황과 개 교회 학생들의 학습 능력과 배움의 스타일에 맞춰 입교 전 공식 교리 교육을 위한 신앙 교육 지도서가 필요하다.

칼빈은 열 살이 되면 어린이는 교회 앞에 서서 신앙을 고백하며 신조마다 질문에 대답하도록 했다. 이와 같이 교회가 증인으로 보는 데서 어린이는 진정하고 진지한 믿음, 즉 신도들이 마음으로 한 하나님을 경배하는 믿음을 고백할 것을 기대했다. 칼빈은 부모들의 자녀 교육에 대한 책임감과 기독교 신앙의 일치성을 위해 모든 기독교인들이 교리 교육을 조직적으로 받아야 함을 강조했다.[19]

종교개혁 교회들은 요리문답서를 교육하는 가장 효과적 자리로 이 입교 교육을 활용하였다. 이렇게 유아 세례를 받은 아이가 자라서 공적 신앙고백을 하고 교회의 성도로서 입교할 때 그들에게는 책임과 권리가 따른다. 입교하는 자들은 교회의 권징에 따를 것을 또한 서약하게 된다. 그렇다면 권징은 성도들의 거룩한 삶의 훈련으로서 교육적 역할을 한다.[20]

19　Calvin, 『신학인을 위한 존 칼빈의 새영한 기독교강요 하』, 907-9.
20　합동 교단의 헌법 권징조례에도 입교인의 삶을 지도할 교회의 교육적 역할로서 권징이 있다. "교회 입교인의 소생 자녀는 다 교인이니 마땅히 세례를 베풀고 교회의 보호 아래 두어 정치와 권징에 복종하게 할 것이요 또 그가 장성하여 지각 있는 나이가 되면 교인의 각 항 본분을 마땅히 이행할 것이다."『헌법(개정판)』, VI. 권징조례 제6조 교인의 자녀, 206.

2.3. 종교개혁 이후 교회의 입교 교육 역사

세례 입교 교육에 대한 연구를 오래 해오신 김홍연 교수님의 글을 통해 독일 교회를 중심으로 입교 교육의 역사와 의미를 살펴보자.[21]

2.3.1. 입교의 언어적 의미 이해를 위한 견진례 이해

입교의 언어적 의미는 교회의 입문 교육 과정이라는 범주에서 발전해왔고, 교회사의 흐름 속에서 변형을 겪으며 새롭게 자리 잡아왔다.

견진례(독. Firmung 기름 바름, 도유)는 가톨릭에서 아직도 시행하고 있는 7성례 중 하나로 성인식의 의미가 있다. 세례가 죄로부터 깨끗해지는 씻음을 상징했다면, 견진례(도유)는 성령 받음으로 비쳐졌다. 이러한 의미에서 이미 세례 시 수여된 성령의 임재에 대한 완성[22]으로 이마나 목에 올리브유를 바르며 거행하는 것이 견진례이다. 견진례의 발생은 콘스탄틴 이후 급속한 기독교인 증가로 세례를 감독이 다 집례할 수 없게 되자 장로들(사제)에게도 세례를 집례할 수 있도록 허용하고, 감독은 견진례만 행하게 되었다. 교회의 성직이 제도화되면서 사제가 집례하는 세례보다 위계질서상 위에 있는 감독이 집례하는 견진례(도유)가 더 중요한 것으로 비치게 되었다.[23]

이렇게 특정 연령에 이른 자들에게 안수와 도유의 견진례를 받게하려면 세례 때보다 더 높은 요구로 금식하며 준비시켰고, 그 이후로 점

---

21 김홍연, "입교와 입교 교육에 관한 역사적 고찰", 녹일 교회를 중심으로, 「정신논단」,22, 2004, 12. 419-439.
22 김홍연, 420.
23 김홍연, 421.

차 견진례는 청소년의 성인식으로 자리잡게 되었다.

2.3.2. 종교개혁적 입교의 의미

종교개혁의 선구적 그룹인 스위스의 발도파는 이러한 성인식으로서의 견진례가 성례로 여겨지는 것을 반대하였다. 그리고 보헤미안 형제들은 견진례를 도유가 아닌 세례와 연결해서 시행하고 성만찬 참여를 허락하는 과정으로서의 입교로 이해했다. 네덜란드의 인문주의자 에라스무스는 입교를 교육적으로 접근하였다. 이것은 후에 경건주의와 계몽주의가 세례 서약 갱신 의식으로 발전하여 가는 입교 측면에서의 교회 개혁이었다.[24]

독일의 종교개혁자 루터는 중세 교회가 견진례를 세례보다 상위의 것으로 인식시킴으로 세례의 중요성을 약화시킨 것을 지적하면서 견진례를 교육적 관심에서 개신교적 입교의 의미로 개혁했다. 루터는 성만찬 전 심문(시험)의 과정을 제시했다("예배 형식과 입교" 1523년, 12월). 루터는 더 나아가 이러한 입교의 의미는 매년 신앙 심문 과정으로 요구되어야 함을 말했으나 교회의 실천적 이유로 일생에 한 번으로 축소되었다. 이것에서부터 입교 전 심문, 오늘날 교회의 당회 문답이 시작되었고, 성만찬을 허용하는 교육적 의식으로서 입교가 자리하게 되었다. 루터는 일차적으로 입교를 위한 가정의 교육적 노력을 고려하여 소교리 문답을 작성하여 배포함으로, 각 가정의 아버지들이 자녀를 가르치도록 권고했다.

특히 입교 발생에 가장 큰 영향력을 행사한 사람은 스트라스부르

---

24   김홍연, 422.

(Strasbourg, 프랑스어, 당시의 독일)의 부처(Martin Butzer, 1491-1551)이다. 그는 헤센(Hessen) 지방의 교회 법규들을 제정함으로 입교의 목적을 달성하고자 했다. 부처의 입교에 대한 이해의 5가지 본질적 요소는 다음과 같다.

1) 세례 고백의 반복 혹은 갱신
2) 입교자를 위하여 기도하는 축복하는 행위(공동체의 기도를 통한)
3) 세례 은총을 공고히 하고 축복하는 행위의 표현으로의 안수
4) 성만찬에의 허용
5) 기독교적인 성만찬 공동체 양육에의 복종

이러한 입교의 본질적 의미를 정립했다.[25]

2.3.3. 독일의 경건주의와 계몽주의에서의 입교

실제 종교개혁 교회에서 입교가 고유한 의식으로 자리매김하기까지는 긴 시간이 걸렸다. 당시에는 가톨릭의 반대로 거부되었으나 그 이후 독일에서 일어난 경건주의와 계몽주의에 의해 결국 그 개혁적 의미들이 관철되었다.

독일에서 입교의 아버지는 경건주의자 슈페너(Philip Jacob Spener, 1635-1705)라고 할 수 있는데, 그는 중생으로부터 유아 세례를 제거하지 않았으며, 세례와 관련을 갖는 입교를 자라나는 젊은 세대에게 신앙을 견고하게 할 하나의 좋은 기회로 여기며 적극 환영하였다. 슈페너는 매

---

25 김홍연, 423-424.

일의 세례 고백을 중요시했다. 이렇게 입교는 감정과 개인성을 강조하는 경건주의의 영향으로 발전하였다.

그러나 계몽주의는 이 점에서는 후퇴하게 된다. 그들은 고백과 서약을 시민적 삶의 일종의 선언이 되게 하였다. 입교 의식이 점차 감상적인 형태를 띠게 되고, 입교는 성인식이 되었다.

낭만주의 시대 슐라이어마허가 입교의 높은 가치를 다시 수용하여 이전 시대와 같은 교리적 결론을 취하였다. 이렇게 입교는 유아 세례의 보충이 반드시 필요함을 보여주며 발전했다.[26]

2.3.4. 근, 현대 독일 교회에서의 입교 교육

입교의 기초는 위태로웠고, 오늘날까지도 교회들마다 다양한 입교 교육의 실제를 낳게 한 문제; 성만찬에의 참여가 단지 참된 신자에게만 허용되어져야 하는가?라는 문제가 떠올랐다. 뷔혀른(Johann Hinrich Wichern, 1808-1881, Hamburg)과 그의 동료들은 세례 공동체와 성만찬 공동체로 교회를 구분함으로 이러한 문제를 풀려고 시도했다.

마침내 20세기에 이르러서야 고대 교회의 입문 교육 과정의 초기 형태들과 연계하여 입교에 대한 일치된 교육적 관심이 등장한다. 특히 교회에 대한 정치적인 위협이 있었던 독일의 고백교회에서 이러한 시도가 드러나는데, 여기에는 특정한 배경이 있었기 때문이다. 2차 세계 대전 이후에도 사람들은 2년간의 입교 교육 과정을 유지했다.[27]

독일에서 1960년대 말까지 가장 많은 입교 교육 수료자가 교육받았

---

26 김홍연, 424-425.
27 김홍연, 426.

다. 이렇게 입교 교육을 국가적 차원의 전체 교육 과정 속에 정착시키는 것을 의도했었다. 그러나 1950년대 중반, 입교 교육의 영역에서 이미 "참교회"와 "국민 교회" 사이의 긴장이 뚜렷하게 감지되었다.[28]

이때 EKD(독일개신교교회연합)은 입교를 두 부분으로 구분- 즉 시험과 성찬 참여 허용을 골자로 하는 일 년 간의 교육 기간과 축복의 안수를 위한 또 한 해의 교육 기간으로-함으로 해결하려 하였으나 실패하고, 계속적 토론의 결과로 "입교 교육에서 청소년들은 이 시대 속에서 기독교인으로 살아가는 것의 의미를 경험하고 깨달을 수 있어야 한다"는 입교 교육의 목표를 설정하게 되었다.[29]

입교 교육은 80년대 중반에 이르기까지 교회 교육적 성찰을 주도해 왔고, 근래에는 입교 교육의 예전적 측면에 강한 관심을 갖기 시작하였다. 그러나 현대 독일 교회의 입교 교육 현황은 출생자 수의 감소로 입교 교육을 받은 청소년이 급감하였고, 점차 교육 내용이 학습자 중심으로 성경과 기독교 전통에서 청소년의 현실 내용으로 변화되어 가고 있다.

2.4. 네덜란드 개혁교회의 입교 교육

그러면 칼빈의 신학을 가장 잘 반영한 네덜란드 개혁교회에서 입교 교육은 어떻게 자리잡았는지 특별히 네덜란드의 보수적 개혁교회인 프레이허마크트(vrijgemaakt-해방) 교단을 통해 살펴보고자 한다. 이 교단

---

28 김홍연, 427.
29 김홍연, 427-428.

은 도르트 총회의 전통을 잘 따르고 있고, 한국에 번역되어 소개된 책도 있어서 작은 교단이지만 다루고자 한다. 이 교단에서는 유아 세례가 세례와 마찬가지로 이미 교회에 받아들여짐의 성례(입교)이므로 유아 세례를 받고 장성하여서 회중 앞에서 신앙을 고백하고, 성만찬으로의 참여를 허가받는 예식은 '입교'라는 말 대신에 '공적 신앙고백'이라는 용어를 사용한다. 유아 때에 삼위 하나님의 이름으로 세례를 받았는데, 이제 그 의미를 깨닫고 '공적으로 신앙을 고백'하고서 성찬에 참여하기 때문에 그러한 용어를 사용한다.

전통적으로 개혁교회에서는 요리문답을 가르치면서 성경의 핵심을 친숙하게 알게 한 후에 공적 신앙고백을 하도록 해오고 있다. 도르트 총회의 결정에 따라 네덜란드 개혁교회는 세 가지 신앙교육서를 공식적으로 받아들이고, 사용하도록 했는데, 하이델베르크 요리문답, 벨직 신앙고백서, 도르트 신조 이렇게 세 신앙교육서이다. 17세기 당시에는 이 세 가지 신앙교육서로 교리 교육함으로 흩어져 있는 지역교회들을 하나의 신앙으로 묶어주는 역할을 하였다. 그래서 이 세가지 신앙교육서를 교회를 하나 되게 하는 신앙교육서라 하고 개혁교회 신자들은 이 신앙을 배우고, 고백해야 했다.

각 지역교회 목사들은 유아 세례를 받은 아이가 자라서 청소년기에 이르면 한 주에 한 번씩 만나서 1년 이상 교리 교육을 한다. 또는 장로님들이 교리 교육을 인도하시기도 한다. 이러한 교리문답 교육 과정이 끝나면, 성만찬에 참여하기 위해 자신의 신앙을 고백해야 하는 공적 신앙고백을 준비하게 된다. 이 준비 과정을 위해 카렐 데던스(Karel Deddens, 1924-2005)가 쓴 『세례반에서 성찬상으로: 공적 신앙고백 예식문 해설』을 통해 공적 신앙고백의 의미를 살펴보자. 공적 신앙고백서는

1923년에 네덜란드 개혁교회의 위트레흐트 총회에서 채택한 것이다. 여기에 나오는 네 가지 질문들은 도르트 총회 때 활동하였던 푸치우스 (Gisbertus Voetius, 1589-1676)가 작성한 것이고 교회들이 교리문답 공부를 마치면서 사용했던 것이다. 이 해설서의 내용을 통해 네덜란드 개혁교회의 입교 교육 내용을 살펴보자.

1) 아래의 네 가지 질문에 서약하는 것으로 공적 신앙고백을 하게 된다.

첫째 질문: 그대는 사도신경에 요약되었고 여기에 있는 이 그리스도의 교회에서 가르치는 구약과 신약의 교훈이 구원을 위한 참되고 완전한 교훈임을 고백하십니까? 그대는 이 교회에서 가르치는 하나님의 말씀의 교훈에 열복하며, 하나님의 은혜에 의지하여 살아서나 죽어서나 한결같이 이 교훈 가운데 행하기를 서약하십니까?

둘째 질문: 그대는 세례를 받을 때 하나님께서 표하고, 인쳐주신 하나님의 언약의 약속을 믿습니까? 자기를 낮추고, 자기의 생명을 자신의 밖에서, 곧 우리의 유일한 구주 예수 그리스도에게서만 찾으시겠습니까?

셋째 질문: 주 하나님을 사랑하며 그분의 말씀을 따라서 전심으로 그분을 섬기고, 세상을 버리며 그대의 옛 본성을 십자가에 못 박고서 오직 성령을 좇아 살기를 원한다고 고백하십니까?

넷째 질문: 하나님의 교회의 살아있는 지체로서 교회의 거룩함과 화평을 위해 힘쓰고, 교회 전체의 사명을 이루는 데에 개인 생활의 목적도 있다는 것을 알고 자기의 생애를 다 드려서 주님을 섬기기로 굳게 결심하십니까? 하나님께서 은혜로 그대를 지켜주시기를 바라지만, 혹시라도 교훈이나 생활에서 태만하거나 그르치는 일이 있으면 교회의

권면과 권징에 기꺼이 순종할 것을 서약하십니까?[30]

오늘날의 한국 교회의 입교 문답의 내용도 이 개혁교회의 전통을 반영하여 작성되었음을 알 수 있다.

2) 공적 고백을 하는 사람은 "나는…믿습니다"라고 하나님의 구속하심과 은혜에 대해 반응한다.

당신은 그리스도인입니까? 당신은 그리스도께 속한 사람입니까? 우리가 신앙고백에 이르게 된 것은 하나님께서 그분의 무한하신 사랑 안에서 택해주셨고, 우리는 그 택하심에 응답하여 그 사랑으로 돌아온 것이다. 그래서 우리의 응답은 다만 우리 삶 가운데서 깨닫게 하신 하나님의 구속하심과 그 은혜에 대한 반응으로 공적 신앙고백을 하는 것이다.[31]

이 해설서에서는 모든 시대의 교회를 연합하게 하는 중요한 기능이 있는 신앙고백서가 오늘날에도 우리가 최대한 순전하게 보존해야 할 믿음의 요지임을 강조한다.

3) 이 교육 내용은 교리문답 공부를 마치며 서약하는 내용으로 칼빈의 이해를 따르며, 도르트 신조의 성도의 견인에 근거한다. 하나님께서 복음의 강설로 우리 안에서 이 은혜의 사역을 시작하기를 기뻐하셨듯이, 사역을 완성하시는 일에서도 말씀을 듣는 것, 읽는 것과 묵상하는 것, 그리고 말씀의 권면과 위협과 약속들과 또한 성례의 시행을 사용하

---

30 Karel Deddens, *Responose to Your Baptism: A Word to Ponder for All Those Who Are Going to Celebrate the Lord's Supper*, 양태진 옮김 『세례반에서 성찬상으로 : 공적 신앙고백 예식문 해설』, (서울: 성약, 2016), 7-13.

31 Deddens, 『세례반에서 성찬상으로 : 공적 신앙고백 예식문 해설』, 17-26.

신다(도르트 신조 5장 14조).

하나님께서는 확고하게 믿음 가운데 행하게 하기 위한 수단들로 우리를 예배로 부르시고, 설교를 듣고, 성경을 읽고, 그룹으로 성경을 연구하고, 성만찬에도 신실하게 참여하도록 길을 마련해주신다. 이것이 성도를 견인하시는 하나님께서 베푸신 은혜의 수단이다.[32] 이렇게 믿음의 가정에서 교회 안에서 자라는 아이들이 하나님의 약속대로 성만찬에 임하게 된다.

4) 유아 세례와 입교에 있어서 중요한 것은 하나님의 약속에 대한 강조이다. 하나님의 언약의 약속들은 '삶'을 위한 것이다. 우리가 그 약속들에 대해서 아무것도 알기 전에 이미 이 약속들을 받았다. 왜냐하면 우리는 하나님의 언약 안에 출생하였기 때문이다(창 17:7). 하나님의 언약의 약속들은 아버지에게서 아들로, 한 세대에서 다음 세대로 이어진다. 이것이 하나님의 언약의 부요함이다. 자녀들은 자라면서 부모와 교회의 교육을 통해 신자들인 부모와 함께 자신들도 그 언약에 속해 있음을 알게 된다. 이렇게 이 책에서 언약은 중요한 개념이다.

이것이 유아 세례의 축복이고, 입교자들의 특권이다. 왕이신 여호와께서 주권적으로 사람에게 찾아오셔서 언약을 맺으셨는데 그것은 값없이 주시는 그분의 은혜였다. 하나님께서 주도적으로 언약을 맺으셨고 그 언약이 쌍방 간의 언약, 쌍무적인 언약이 되게 하기 위해 '나는 너의 하나님이다. 너는 내 자녀가 되어라'고 요구하셨다. 사실 이 하나님의 약속과 요구는 같은 내용을 담고 있다. 여호와께서는 약속하시는 것들

---

[32] Deddens, 『세례반에서 성찬상으로 : 공적 신앙고백 예식문 해설』, 69.

을 요구하시며, 요구하시는 것들을 우리에게 약속하신다. 우리는 이 삼위 하나님의 약속을 믿는다.[33]

5) 칼빈은 공적 신앙고백과 성찬 사이의 관계를 다시금 알려주었다. 자기의 신앙을 고백하지 않은 사람들이 주의 만찬을 기념하는 자리에 참여하는 것을 허락하지 않았고, 또한 자신의 신앙을 고백한 자들은 믿음의 순종으로써 주의 죽으심을 나타낼 의무가 있었다. 칼빈은 주의 만찬을 기념할 때마다 그에 앞서 신앙고백을 할 기회가 주어져야 한다고 정하였다. 성찬은 순종의 행위 곧 믿음의 순종인 것이다.

종교개혁 이후 17세기의 네덜란드에서는 공적 신앙고백과 만찬을 기념하는 일이 연결되어 있음을 당연히 여겼으나 17세기 이후 주관주의적 성향의 사람들이 '신앙고백을 한다는 것'은 단지 '객관적인 진리들에 이성적으로 동의하는 것'이라고 좁혀 말하면서, 이 객관적인 진리를 약화시키고, 자신들의 개인적 체험을 앞세우는 일이 생겼다. 이러한 경향은 신앙이 지식 없이도 체험만 있으면 되는 것으로 신앙의 의미에서 지식의 중요성을 약화시켰다. 여기서부터 교리 교육을 통해 성경의 진리를 배우는 일을 등한히 하고, 체험 중심의 주관적 신앙이 형성되기 시작했다. 결국 이러한 체험 중심의 신앙은 성경으로부터 멀어지면서 자유주의 신학을 낳게 되었다. 19세기에 헨드릭 더 콕(Hendrik de Cock, 1801-1842)이 등장하여 이전의 푸치우스와 쿨만(Jacobus Koelman, 1632-1695)의 신앙고백의 질문들을 다시 사용하였다. 개혁교회의 신앙은 성경적 지식의 기초 위에 세워지는 즉 교리 교육을 통해 형성된 신앙고백

---

33 Deddens, 『세례반에서 성찬상으로 : 공적 신앙고백 예식문 해설』, 73-82.

과 전인적 참여를 통해 주님의 구속과 주님과의 연합을 체험하는 주의 만찬을 기념하는 일을 분리하지 않는다.[34]

하나님께서는 성경을 가르치는 일과 성만찬을 통해 그리스도와 연합을 체험하는 두 가지의 은혜의 수단을 우리에게 주셨다. 이것이 하나님의 교육의 조화이고, 둘 다 중요하고, 둘 다 없어서는 안 되는 것이다.

칼빈의 성례 개념을 잘 반영한 네덜란드 보수적 개혁교회는 공적 신앙고백을 통해 입교의 언약적 의미를 명확히 보여주었다. 성도를 견인하시는 하나님의 은혜를 믿으며 신앙고백을 위한 교리 교육을 오늘날에도 지속하여야 한다. 네덜란드 개혁교회는 하나님의 주권과 함께 성경을 체계적으로 배움으로 그 복음의 내용에 대한 자신의 신앙고백을 표현해야 하는 언약에 대한 인간의 반응도 중시한다. 즉 기독교 신앙에는 언약의 쌍방성, 하나님의 주도권과 인간의 그에 대한 감사의 반응, 고백이 함께 있어야 함을 깨닫게 한다.

이러한 측면에서 한국 교회의 입교 의식은 입교 후보자들이 언약의 내용을 잘 교육받아서 그 언약의 풍성함을 깨닫고 감사하며 하나님을 향한 믿음의 고백, 감사의 반응을 공적으로 표현하며 영광돌릴 수 있는 자리로 준비하길 기대한다.

또한 최근에 네덜란드 여러 개혁교회들[35]의 신학자, 목회자들이 연합하여 *Gewone Catechismus*(기본적, 순수한 교리문답)[36] 라는 현대적 교리문답 책을 출간하였다. 현대인들을 위한 100개의 문답으로 오늘의 교회에서

34　Deddens, 『세례반에서 성찬상으로 : 공적 신앙고백 예식문 해설』, 87-90.
35　De Protestantse Kerk, de Gereformeerde Kerk vrijgemaakt en de Christelijke Gereformeerde Kerken 으로부터의 목사님들이 참여했다.
36　Theo Pleizier, Arnold Huijgen en Dolf te Velde, *GEWONE CATECHISMUS* : *Christelijk geloof in* 100 *vragen en antwoorden*, (Utrecht: KokBoekencentrum.nl, 2019).

묻고 답하며 신앙을 배울 수 있도록 잘 정리되었다. 그러나 이 책은 하이델베르크 요리문답 같은 신앙교육서를 대치하거나, 그것의 현대판 번역이 아니라 그냥 일반 교리문답이라고 설명한다. 사도신경, 주기도문, 십계명, 성례에 대한 전통적 가르침의 내용들을 현대적 언어로 설명하여 현대 크리스천들이 교리문답에 더 가까이 가도록 도와준다. 신앙의 내용, 하나님과의 관계, 선한 삶과 구원을 함께 축하하는 핵심적 문답을 세례로 시작하여 성찬으로 마무리하는 명확한 구조로 정리하였다.

이 새로운 개혁교회의 교리문답은 행복한 삶으로 인도하는 죄 용서의 세례로 시작하여, 성령의 사역으로 믿음을 배워서 하나님을 신뢰하고, 예수님을 따르는 구원의 의미를 배우고, 성령의 사역에 의한 새로운 삶을 소망하며 교회 생활을 배우고, 하나님 나라, 그리스도와 연합을 체험하는 성만찬의 자리로 초대하는 클라이막스로 끝난다. 이 교리문답 교육서의 구조 자체가 교회의 예식에 있어서 (유아) 세례에서 입교에 이르는 교육 과정이 성만찬으로 인도하는 언약적 의미를 잘 드러내 주고 있다. 한국 개신교회들도 청소년과 초신자를 위한 오늘의 교리문답서를 함께 만들어 신앙의 전통을 이어가길 바란다.

2.5. 북미주 개혁교회(Christian Reformed Church)의 입교 교육[37]

---

37 "유아 세례 받은 청소년을 위한 입교 개요(2016)"CRC 교단 홈페이지. 2020년 9월 1일 접속: https://www.crcna.org/resources/church-resources/liturgical-forms-resources/profession-faith/yuaserye-badeun-ceongsonyeoneul-wihan-ibgyo-gaeyo-2016
CRC교단의 공적 신앙고백에 대한 자료를 구하기 위해 2019년 7월에 3주간 그랜드래피즈 CRC교회들을 방문하고, 교단의 교육 센터를 방문하여 교재 편집장과 인터뷰하였다. 역사적 신앙교육서들을 공부하는 소그룹 교재들도 있었고, 연령별 발달 단계에 따른 신앙 교육 교재들도 많이 개발되어 있었다. 특히 공적 신앙고백을 앞두고 사용하는 교재는 멘토링의

칼빈의 신학을 자신들의 신앙의 기반으로 하고, 네덜란드에서 미국과 캐나다로 이주한 이민자들로 시작된 북미개혁교회(CRC)에서도 입교를 공적 신앙고백(Public Profession of Faith)이라 한다. 네덜란드 개혁교회와 같은 이해를 가진다. 이것은 기본적으로 세례식에 주시는 하나님의 언약(약속)에 대해 개인적으로 표현하는 믿음의 반응이라고 한다. 하나님이 세례식을 통해 예수 그리스도 안의 언약 가족으로 우리를 불러 주셨다면, 우리는 입교를 통해서 그리스도 안에서 세례 받은 자녀로서 개인의 신앙과 헌신을 선포함으로 그 부르심에 응답하는 것이다. 이것이 입교의 주된 의미라고 정리한다.

그리고 입교는 원래 신앙을 고백하는 교인들을 성만찬의 자리로만 초대하는 것뿐만 아니라 "온전한 성찬의 모든 특권과 책임"까지 갖도록 한다. 유아 세례를 통해 한 아이가 그리스도와 함께 그의 죽음과 부활에 하나 되어 참여함을 선포했다면, 교회는 그 세례 받은 아이들이 자라서 언젠가는 공적으로 그리스도를 믿는 자신의 신앙을 반드시 선포할 것을 기대하게 한다. 유아 세례 시, 부모는 자녀를 대신해서 신앙을 고백하고 전체 회중의 지원을 받으며 앞으로 자녀를 그리스도를 알고 사랑하는 사람으로 키우겠다고 약속한다. 이는 결국 입교에 대한 기대와 그 필요성을 수반하게 된다. 입교는 세례 교인의 신앙 고백이며, 이는 공개적인 성격을 가진다. 교회의 일원이 된다는 것은 예수 그리스도를 주님으로 인정하고 공개적으로 "입으로 주를 고백하는" 것을 요구하

방법으로 일대일로 진행하도록 준비되어 있었다. 교리의 내용을 읽히는 과정이 아니라, 이미 여러 차례 단계적으로 배워온 내용들을 자신의 것으로 소화하여 자신의 신앙고백으로 이끌어낼 수 있는 내용이었다. 『I believe』. 신앙 교육 교재들은 홈페이지 참조. https://www.faithaliveresources.org/Products/CategoryCenter/CYHS!RF/reformed-faith.aspx

기 때문이다.

이와 같은 이해를 바탕으로 교회는 세례 교인이 회중 앞에서 자신의 신앙을 고백할 것이라는 기준을 세운 것이다. 입교는 세례 교인이 더욱 성숙하고 온전하게 공동체에 참여하도록 하는 통로가 된다. 신앙을 고백한 교인은 교회 회의 출석(그리고 각 교회법에 따른 투표)과 모든 교회의 일에 공동체의 일원으로 보다 온전히 헌신하기 시작할 것이다.

네덜란드 개혁교회들과 마찬가지로, 미국 CRC 교단의 입교식은 그 준비 과정에 목사, 장로 및 다른 교인들이 적극적으로 참여하고, 실제 예배에서는 세례반의 성수를 회중에게 보여줌으로써 입교와 세례의 관련성을 강조한다. 입교자들에게는 개인 신앙 간증을 할 기회를 주기도 하는데, 이렇게 함으로 입교하는 한 젊은이의 인생과 교회 공동체에게 중요한 날임을 표현하며 큰 기쁨과 축복의 장으로 마련해야 할 것을 제안한다. 더 나아가 입교는 입교식에서만의 신앙고백이 아니라 평생 그 믿음을 고백하며 살아갈 것을 결심하는 예식임을 말한다.

2.6. 언약적 신앙 교육

지금까지 두 언약의 성례인 유아 세례와 성만찬을 연결하는 입교 교육이 칼빈으로부터 네덜란드 개혁교회, 미국의 개혁교회에서 어떻게 언약의 의미를 살려서 신앙 교육적 역할을 하고 있는지 살펴보았다. 유아 세례를 주는 개혁교회들에서 하나님과 인간 사이의 관계를 표현하는 개념인 이 언약 사상을 핵심 교리로 신앙 교육이 이루어진다. 언약은 신구약 성경에 담긴 예수 그리스도의 복음을 깨닫게 하는 핵심 개념이다.[38] 그래서 개혁 신앙의 기초를 견고히 하는데 크게 기여하고, 하나님과 인간 사이의 구원을 설명하는 이 언약 사상이 하이델베르크 요리문답과 웨스트민스터 신앙고백서에 담겨 있다.

이 언약 사상은 유아 세례를 거부하는 재세례파와 논쟁에서 츠빙글리가 강조했던 개념이다. 하인리히 불링거가 이를 계승하였고, 최초로 언약 사상을 조직화하였다. 그리고 독일 개혁주의 언약 신학의 뿌리가 된 필립 멜랑히톤의 제자 우르시누스(Zacharias Ursinus, 1534-1583)가 훗날 칼빈주의자로 돌아서서 구원 역사를 언약 사상의 관점에서 이해하는 안목이 성경적으로 정립되고 그것이 하이델베르크 요리문답에 반영된다. 사실 언약 신학은 한 사람에 의해 세워진 것이 아니라 유럽 전역에서 성경학자들이 하나님의 구원 역사를 주제로 하는 깊은 연구들을 교환하면서 상호 도움 속에서 발전되고 형성되어 온 것이다. 특히 우르시누스가 하이델베르크 요리문답에서 다루는 언약은 거의 모두 성례를 다루는 부분에 들어 있다. 신구약 성경을 관통하는 하나님의 구원의 목표를 제시하는 통합적인 원리가 언약임을 강조하였던 초기 종교개혁자들의 사상을 계시하면서, 하나의 은혜 언약을 상징하고 인치는 것으로 성례를 풀이하여 루터파와의 논쟁을 종식시켰다. 언약의 백성들이 성만찬을 거행할 때 임재하시는 약속하신 성령을 통해서 그리스도와의 초월적이고 신비로운 연합을 이루게 되고, 그리스도의 모든 혜택에 참여하는 것에 역점을 두었다.[39]

하이델베르크 요리문답 해설에서 우르시누스는 언약과 하나님의 교

---

38 이재현 지음, 『구원: 삼위 하나님의 역작』, (용인: 킹덤북스 2018), "2. 언약" 48-69 참조.
39 김재성, "하이델베르크 요리문답과 웨스트민스터 신앙고백서의 언약 사상," 「한국개혁신학」 40 (2013), 45-52.

회에 속한 모든 사람들이 세례를 받도록 되어 있으므로 성인은 물론 그리스도인의 자녀들도 언약과 하나님의 교회에 속하여 세례를 받아야 한다고 설명한다.[40]

또한 그는 하이델베르크 요리문답 해설에서 세례는 하나님과 신자들 사이의 언약의 표이나, 주의 성찬은 그 동일한 언약의 보존의 표, 혹은 세례는 우리의 중생의 표요, 교회와 하나님의 언약과 관계를 맺었다는 표이나, 성찬은 이미 교회에 들어와 있는 자들을 양육하시고 보존하신 다는 표라고 한다. 그런데 이 두 언약의 표징들이 그 시행에 있어서의 차이를 칼빈과 같이 설명하고, 성찬에 참여하기 위해서는 신앙의 도리들을 충실히 배워야 함을 강조했다.[41]

웨스트민스터 소요리문답 96문과 97문도 성찬의 은혜와 주님의 성찬에 합당하게 참여하려면 주님의 몸을 분별하는 지식, 주님을 양식으로 삼는 믿음, 회개와 사랑과 새로운 순종이 있는지 스스로 살펴야 하는 교육의 과정이 필요함을 이야기한다.[42]

유아 세례는 이 하나님의 언약의 표징이고, 유아 세례를 받은 아이들은 믿음의 부모와 교회를 통해 말씀으로 양육받으며 자라왔고, 이제 공적 신앙고백의 자리, 입교식에 나아가기 위해 공식 교리 교육을 받는다. 그리고 하나님의 주권적 언약의 측면인 유아 세례의 은혜에 감사하는 언약의 인간적 반응으로 신앙고백을 한다. 이 과정 동안 말씀을 통하여 성령님께서 하나님이 택하신 자를 믿음으로 견인하시는 역사

---

40 Zacharias Ursinus, *The Commentary on the Heidelberg Catechism*, 원광연 옮김,『하이델베르크 요리문답 해설』, (파주:크리스챤 다이제스트, 2006), 595.
41 Ursinus,『하이델베르크 요리문답 해설』, 615.
42 독립개신교회 교육위원회,『웨스트민스터 소요리문답-대조 합본』(서울: 성약출판사 2018), 112-13.

를 체험하고 입으로 신앙을 고백하게 된다. 유아 세례와 입교는 하나님의 주권과 성도의 견인을 가장 잘 보여주는 개혁신학의 핵심 예식이다. 유아 세례를 받은 아이들이 모두 다 같은 나이에 신앙을 고백하게 되는 것은 아니므로 입교식은 자녀들이 믿음에 이른 것을 감사하며 축하하는 자리가 되고, 아직 믿음을 고백하지 못하는 자녀들을 둔 부모들은 그들의 신앙 교육 부족을 회개하고, 또한 하나님의 성령께서 역사하셔서 그들의 자녀들도 믿음에 이르기를 간절히 기도하는 자리이기도 하다.

2.7. 한국의 세례 입교 교육 현황

지금까지의 한국 교회 성장에 있어서 복음주의의 영향은 지대하였다. 교회 교육도 복음주의적 영향이 많아서 학교식 주일 성경 학교 시스템과 수련회 중심의 1회적 회심 체험을 강조하는 교육이 크게 영향을 미쳤다. 그러다 보니 한국 교회 선교 초기에 말씀사경회와 성경 공부, 교리 교육으로 자라오던 교회가 많이 사라지고 특히 1980년대 이후 삶과 경험을 강조하며 교리를 배제하는 경향이 자연스럽게 교회의 목회와 교육의 중심이 되었다. 그동안 한국 사회도 경제적으로 많이 성장하면서 교회도 부유해지고, 문화적 콘텐츠가 교회 안에 스며들어 오면서 성경 읽기와 교리 교육이 많이 약해지게 되었다. 이제 한국 교회는 전도를 통한 수적 성장보다는 지방의 작고 어려운 지역교회 성도들이 도시의 대형 교회로 수평 이동하는 현상들과 도시에서도 더 큰 교회로의 이동 현상들이 많이 나타나고 있다. 그러던 중 2020년 신종 코로나19 팬데믹 시기를 맞아 한국 교회의 모습은 또 다시 새로운 양상을 띠게 되었다. 이제는 비대면 예배가 활성화되면서 교회 안의 다양한 공간적 문화 시설보다는 영상과 온라인 매체들의 제작 역량에 따라 미디어 교회로서 청중들을 목양할 수 있게 되었다. 대형 교회들이 아무래도 방송, 영상 제작에 있어서 많은 장비와 노하우가 있지만, 작은 교회들도 가르침의 내용만 갖추고 있다면 이제는 소그룹으로 모아서 매체를 통해 가르칠 수 있는 기회를 만들 수 있다. 이제 커다란 교회 건물, 멋진 식당, 분위기 있는 카페가 교회의 본질이 아닌 것이 드러났다.

1980년대 이후 개 교회에서 점차 사라져온 교리문답 교육, 일대일로 양육하는 교육 방식이 다시금 활기를 띨 수도 있는 새로운 시대, 말씀을 통한 진정한 그리스도인으로 거듭남과 일상에서 그리스도인으로 살아가기 위한 신앙 훈련들이 새로운 목회의 방향으로 드러났다.

부흥했던 한국 교회에서 시들었던 성경 공부와 교리 교육, 그로 인해 성경을 배우고 싶어서 교회 밖의 제3의 장소를 찾아다니다가 이단의 성경 공부 그룹에 빠져들었던 많은 청년, 장년 연약한 신자들을 이제는 더 이상 만들어서는 안 된다. 게다가 1인당 국민소득 3만불 시대, 선진국 대열에 당당히 들어선 대한민국의 교회는 서양의 다른 선진국들에서와 마찬가지로 급속한 세속화의 물결을 타기 시작했다.

현대의 대표적 복음주의 지도자인 제임스 패커(James I. Packer, 1926-2020)와 고든 코넬 신학교의 교육학자 게리 페럿은 복음주의 진영의 교회들의 교육적 한계를 교리 교육의 실종으로 진단하였다. 숫적으로는 성장했으나 세상에 영향력이 없는 복음주의 교회들이 당면한 개혁 과제는 올바른 교리 교육을 통해 영적 양식을 개선하는 것이라고 그들은 강조했다.

교리 교육은 좁은 의미로 세례나 입교를 위한 초심자 교육이고, 더 넓은 의미로는 신자 양육을 위한 지속적인 교육 사역을 말하기도 한다. 현대 유럽에서 카테키즘은 광의의 신앙 교육으로 사용하기도 한다. 교리 사역의 범주를 예비 교리 교육, 정식 교리 교육(세례나 입교 의식을 준비하게 하고, 나아가 교회의 삶에 온전히 참여할 수 있도록 갓 회심한 어린이나 성인에게 공식적으로 교리를 교육하는 사역), 지속적인 교리 교육으로 구분한다.[43]

서양 교회들의 급속한 세속화를 우려했던 한국 교회에서도 성도의 수적 감소는 이미 시작되었고, 연령대로는 어린이, 청소년, 즉 자라나는 세대들의 수가 급속히 감소하고 있다. 특히 입시 경쟁에 뛰어드는 중고등학생들의 교회 출석 인원이 현저히 줄어들었고, 교육 시간도 주일 예배 단 한 시간으로 줄어들고 있다. 교회가 제공하는 문화 콘텐츠로서는 이제 더 이상 아이들을 잡아둘 수 없다. 아이들이 너무나 바빠졌다. 이렇게 교회가 청소년 신앙 교육에 중요한 영향력을 행사하기 어려워진 상황에서 기독인의 정체성을 다시 세우고, 다음 세대에게 개혁교회의 신앙을 물려주기란 만만치 않은 현실이다.

이러한 상황에서 한국 교회를 다시금 복음의 본질에 굳건히 세우고, 자라나는 세대를 참된 신앙으로 교육하는 중요한 방법은 교회사의 소중한 유산인 교리 교육임을 많은 목회자들이 인식하기 시작했고, 소수 교회들은 교리문답서로 다시 자라나는 세대들을 교육하기 시작했다. 그러나 대부분의 교회들은 현 주일 학교 교육 시스템에서 교리 교육의

---

43 James Packer and Gary Parrett, *Grounded In The Gospel*, 조계광 옮김, 『복음에 뿌리를 내려라』, (서울: 생명의 말씀사, 2010), 39.

자리를 마련하기는 쉽지 않은 상황이다.

그래서 다시 처음 상황을 생각해본다. 초대 교회부터 시행되어온 교리 교육은 세례자 교육이었다. 초신자와 세례자 교육으로 시행되었다는 것을 기억하며 성례라는 교회의 예전과 맞추어 교육하는 것이 가장 효과적임을 강조하고자 한다. 교리 교육을 제자 훈련처럼 하나의 별도 교육 프로그램으로 사용할 수도 있지만, 성례라는 교회의 예전 즉 전 교회의 교육 목회 구조 속에서 담임 목사와 성도들과 부모들의 지원 속에 진행될 때 가장 효과적이라는 것이다. 특히 유아 세례를 행하는 교회들은 청소년 시기에 입교라는 과정을 거치게 되므로 유아 세례를 받고 가정과 교회에서 신앙 교육을 받아온 어린이들이 청소년부에 올라와 만 14세가 되면 교회의 필수 과정인 입교에 지원하게 하고, 체계적인 교리 교육을 받게 함으로써 기독인의 정체성을 확고히 하고, 실제적으로 책임있는 교회의 일원, 즉 그리스도의 몸 된 교회의 지체로서의 역할도 배우게 하는 것은 중요하다.

더불어 이러한 입교 교리 교육은 한국 청소년들이 입시라는 암흑기를 지날 때도 신앙을 잃는 것이 아니라 오히려 믿음으로 하나님을 경험하는 경건한 다음 세대로 세워지도록 무장시키는 전신 갑주가 될 것이다.

리처드 백스터(Richard Baxter, 1615-1691)가 강조하는 설교와 교리 교육이 함께 목회의 중심을 이루도록[44] 하자. 교회의 목회자들이 장년 설교 중심의 목회에서 성도들의 평생의 신앙 여정을 바라보고, 그들의 신

---

44 Richard Baxter, *The Reformed Pastor*, 고성대 옮김, 『참된 목자』, (파주: CH북스(크리스천다이제스트), 2020).

앙의 중심 기둥이 되는 유아 세례와 입교의 시기를 주목하고, 교리 교육으로 견고히 기초를 놓아주어 흔들리지 않는 성도들의 믿음의 삶을 건축하는 교육 목회를 함께 해나가야 할 것이다.

1) 한국 장로교회의 유아 세례와 입교 교육의 상황

최근 한국 교회는 어린이 세례와 어린이의 성찬의 참여에 대한 새로운 시행으로 세례와 성찬의 의미를 다시 한번 생각하는 계기가 되고 있다.

한국 장로교회들은 전통적으로 유아 세례를 믿음의 가정의 만 0세부터 2세의 유아들에게 주어왔다. 그리고 유아 세례를 받은 아이가 자라서 만 14세(혹은 15세)가 되면 입교를 거쳐 성찬에 동참하도록 해왔는데,[45] 조금은 갑작스럽게 2017년 총회에서 예장 합동 교단은 만 6세까지 유아 세례를, 만 7세부터 13세는 어린이 세례[46]를 줄 수 있도록 변경하였다. 입교 문답은 유아 세례나 어린이 세례를 받은 자가 만 14세 이상이 되면 가능하다. 특별히 어린이 세례의 경우, 신앙적 후견인을 세워 세례 후에도 세례받은 어린이에 대한 양육에 관심을 갖도록 했다. 예장 통합 교단 역시 유아 세례 연령을 0세부터 6세까지로 확대하고, 7세부터 13세까지는 어린이 세례를 시행하도록 변경했다. 그리고 2019년에는 입교 전이라도 유아 세례자가 성찬에 참여하도록 결정하므로 전 연령 세례 및 성찬의 길을 열었다.[47]

---

45 대한예수교장로회 총회, 『헌법(개정판)』, (서울: 대한예수교장로회총회 출판부, 2015), 199.
46 김종혁 외 3인, 『어린이 세례문답집』, (서울: 대한예수교장로회 총회, 2019).
47 노충헌 기자, "교단별로 달라진 유아 세례 기준주의," 「기독신문」 (2020년 2월 4일). 6월 22일 접속, 해당 싸이트: https://www.kidok.com/news/articleView.html?idxno=205148

그런데 칼빈이 유아 세례 받지 못하고 죽은 유아들도 하나님의 언약의 효력 안에 있음을 말하는 언약 신학의 관점에서 볼 때, 신설된 이 어린이 세례는 유아 세례 시기를 놓친, 또는 불신 가정에서 전도되어 들어온 어린이에게 교회가 세례라는 표징을 주어서 그 아이에게 구원의 효력을 주려고 하는 인위적인 느낌이 든다. 개혁교회는 세례를 성도들의 구원을 확신시켜 주시려는 하나님의 교육적 차원에서 더 명확히 이해해야 할 것이다.[48] 목회의 현장에서 교회는 유아 세례의 기회를 놓친 아이들이나 중간에 전도되어 온 아이들은 만 14세에 이를 때까지 체계적으로 교육하고 개개인의 발달 단계에서 성경과 교회의 믿음의 내용을 이해하고, 자신의 신앙고백에 이르게 되었을 때 세례식을 거행할 수 있다.

만 14세 이상이 되었다고 해도 신앙이 함께 성숙했을 때 세례와 입교식을 할 수 있다. 교단 헌법에 의하면 요리문답과 사도신경과 주기도문을 공부하고, 기도와 회개와 하나님 경외의 신앙이 있을 때 시행하도록 되어 있다.[49] 그런데 많은 한국 교회들이 입교 전에 체계적 교리 교육을 수행하지 못하는 아쉬움이 있다. 보통 중학교 2학년이 되면 다같이 교회의 전임 목회자가 진행하는 한 시간씩 3회 정도의 입교 교육을 필수로 받게 되고, 통과하면 당회 문답으로 보내진다. 당회 문답을 통과하면 대부분은 그 다음 주일 공예배에서 담임 목사님의 집례로 교회 앞에서 단체로 문답에 "예, 또는 아멘"으로 대답하고, 목사님은 회중 앞에서 그들이 입교인이 되었음을 선포한다. 이러한 입교

---

[48] John Calvin, *Institutes of the Christian Religion*, 성서서원 편집주 편서, 『신학인을 위한 존 칼빈의 새영한 기독교강요 하』, 서울: 성서서원, 2009, 633.
[49] 대한예수교장로회 총회, 『헌법(개정판)』, 251-52.

식은 교회가 이 청소년들을 교회의 회원으로 공포하는 간략한 통과의 례로 느껴진다. 입교를 받은 학생들조차 그 유아 세례와 성만찬 사이에 행해지는 이 입교의 의미를 잘 모르고 성찬에 참여할 수 있는 자격을 얻게 되는 것 같다. 이렇게 성찬에 참여하게 되므로 성도들이 그들이 얻게 된 그 풍성한 언약적 축복을 누리지 못하는 것 같다. 역사적 교리문답서들에는 모두 성례가 포함되어 있는데, 교리 교육을 소홀히 해온 많은 한국 교회들은 성례의 중요성도 함께 놓쳐왔음을 보게 된다. 한국 교회의 대다수의 장로교회들이 웨스트민스터 신앙고백과 대,소 요리문답, 교회 정치, 예배 모범 등을 개혁교회의 것으로 가지고 있으면서도, 교회 교육의 실제는 영미의 주일 학교 운동에서 파생된 계단식, 학교식 성경 공부와 회심 중심의 신앙 교육에 기초하고 있기 때문에 이론과 실제 사이의 틈이 생겼다고 본다.[50] 대표적 복음주의자 제임스 패커도 기독교는 배워야 하는 신앙이고, 교회 생활 가운데 '체계적인 가르침이 반드시 필요하다'고 말하며 종교개혁가들이 되찾은 교리문답 교육을 할 것을 강조한다.[51]

한국 교회에서 입교는 교회의 교인으로 인정되는 예식, 성인식인양 행해지는 것 같다. 그러나 사실 믿음의 가정에 태어난 자녀들은 유아 세례를 받았을 때 이미 교인이 된 것이다. 입교식은 가톨릭의 성인 예식인 견진성례[52]가 아니다. 개신교 측에서 입교 의식의 통과 의례적 의미를 살려내려는 노력은 협성대의 임영택, 양승준 교수님의 연구에서

---

50 James I. Packer, *Growing in Christ*, 김진웅 옮김, 『세례와 회심』, (서울: 아바서원 2012), 31. 주일 학교 운동이 몰고 온 뜻하지 않은 결과.
51 Packer, 『세례와 회심』, 8-11.
52 김홍연, "가톨릭교회의 견진례와 견진 준비 교육 과정에 관한 연구- 독일 가톨릭교회를 중심으로 -", 「신학과 목회」 30 (2008), 297-325.

나타난다. 그는 입교 예식을 아동기에서 청소년기, 장년기로 가기 전의 통과 의례를 위한 교육 기회로 포착하고, 이를 발전시켜 기독교적 정체성과 신앙 형성을 위해 입교 예식을 설계할 것을 제안했다.[53] 양승준 교수는 입교 교육의 방법에 있어서 가르침과 사회화의 통합을 이야기하는데, 사라 리틀(Sara Little, 1919-)이 주장하는 의도적 가르침으로서의 교리 교육과 웨스터호프(John. H Westerhof Ⅲ, 1933-)가 주장하는 사회화와 회심이 함께 작용하여 청소년이 기독교적 정체성을 형성하고 성숙한 신앙을 형성해 가도록 하는 방법을 연구했다. 사라 리틀의 가르침과 양육을 통합한 변화와 전통의 균형이 청소년기 입교 교육의 방법이 된다는 것이다.[54]

입교 예식은 청소년기에 행해지는 중요한 교육적 예식으로 정체성을 발견하는 여정을 시작하는 청소년들에게 무엇보다 먼저 신앙의 뿌리를 놓는 복음의 핵심 교리를 세워줌으로써, 신앙적 자아 정체성을 세워가도록 돕는 정체성의 의식이라고도 할 수 있다. 이것은 일찍이 신앙 공동체 이론을 주장하는 웨스트호프와 윌리몬(W. H. Willimon, 1946-)이 세례를 교회의 입회 의식인 반면 입교는 정체성의 의식이라고 주장한 바 있다.[55]

다원화된 현대를 살아갈 청소년들에게 그리스도인의 정체성을 함양하며, 영적인 순례의 결단을 하기 위해 신앙 공동체 안에서 특별한 입

---

53 임영택, 양승준, "현대 개신교 교회의 입교 회복을 위한 연구: 입교 예식과 교육의 역사적 전통을 중심으로", 「기독교 교육정보」 47 (2015), 144.
54 양승준, "청소년 신앙 형성을 위한 입교 교육 과정 연구", 「기독교 교육정보」 39 (2013), 168-71.
55 John H. Westerhoff III, & W. H. Willimon, *Liturgy and Learning through the Life Cycle*. (New York: The Seabury Press. 1980), 73. ; 임영택, 양승준, "현대 개신교 교회의 입교 회복을 위한 연구: 입교 예식과 교육의 역사적 전통을 중심으로", 「기독교 교육정보」 47 (2015), 146.

교의식과 의도적인 교육 과정을 시행하여 하나님의 형상을 회복하는 교육은 목회의 필수적 사역이다.[56]

장신대의 장신근 교수도 세례 교육, 입교 교육은 신앙 정체성 형성이 가장 필요한 청소년들에게 결정적으로 중요한 위치를 차지한다고 강조한다. 이 교육을 통하여 삼위일체 하나님과의 인격적인 만남, 개인적, 공동체적 차원의 신앙고백의 이해, 신앙 공동체인 교회에 대한 이해, 세계에서의 소명 등에 초점을 맞추어서 청소년 신앙 정체성 형성 교육을 실시하는 것이다.[57]

한편 한신대의 박근원 교수는 형식만 남아 있는 유아 세례와 입교를 새로운 의미를 부여하여 갱신하지 않으면 기독교 신앙의 중요한 것을 잃는 것임을 말하며 이 의식들의 종말론적 성격을 강조한다. 그는 세례를 종말론적 성령의 예전으로 그리스도 안에서 새사람이 될 뿐만 아니라 새로운 임무가 주어짐을, 소명의 예식으로 이해해야 한다고 주장한다.[58] 크리스천의 가정에서 아이들이 태어났을 경우 그들의 세례 문제보다 먼저 부모와 그 교회 공동체가 이 아이들을 어떻게 기독교적으로 양육할 것인가에 대해 염려하고 그 대안을 강구하는 '소명'의 인식에 초점이 맞춰져야 한다는 것이다. 그는 이 유아 세례 예식이 부모나 교회 공동체에 이 아이에 대한 신앙 교육적 책임을 인식시키는 측면을 일깨운다고 한다.[59]

---

56 한미라 외, 『기독교 교육개론』, (서울: 대한기독교서회, 2006), 346.
57 장신근, "미래 세대에 생명력을 불어넣는 청소년 교회 교육", 『미래 세대에 생명력을 불어넣는 기독교 교육』, 고원석 외 5인, (서울: 기독교 교육연구원, 2014), 272.
58 박근원, "세례와 견신례의 의식적 가치", 「기독교사상」 35 (1991), 173-74.
59 박근원, "세례와 견신례의 의식적 가치", 177-78.

교리 교육을 비중있게 다루는 고신 교단의 안재경 목사는 학습, 세례, 입교 교육을 어떻게 해야 하는지 제안하는 글에서 입교 교육을 네덜란드 개혁교회의 '공적 신앙고백'에 이르는 교육으로 설명한다. 하나님께서는 약속에 신실하셔서 유아 세례 받은 아기를 믿음으로 자라게 하셔서 이제 그리스도를 자신의 구주로 고백하고, 오직 삼위 하나님을 예배하고 섬기겠다고 고백하는 입교 예식으로 인도하신다. 입교는 공적 신앙고백을 통해 성찬 참여를 허락하는 예식이다. 그는 입교 교육은 목사의 가장 중요한 일 중에 하나로 강조한다. 자녀들은 교리를 철저하게 배우면서 자신의 입으로, 삶으로 삼위 하나님을 고백할 수 있어야 하기에 이것을 위해 '웨스트민스터 표준문서들'(특히 웨스트민스터 소교리문답)이며 '하이델베르크 교리문답'을 공부한다. 질문 하나 하나 같이 읽고 답을 살피면서 그것이 자신의 고백이 되도록 하기 위해서는 한 주에 한 번씩 만나도 최소한 1년이 필요할 것이다. 요리문답만이 아니라 성경도 최소한 1독 하도록 권한다. 이렇게 그가 제시하는 입교자 필수 교육 내용은 구속사를 분명하게 이해하고, 권별로 주제와 내용을 잘 알아야 한다는 것이다.[60]

이렇게 교단마다 세례와 입교의 의미를 교육적으로 활용하고자 새로운 시도들을 하고 있는데, 유아 세례와 성찬에 대해 조금씩 다른 목회적 실행을 갖게 되는 것은 과거 종교개혁 시대에도 있었던 일이다. 루터 이후 종교개혁자들도 세례와 성찬에 있어서 일치된 견해를 끌어내지는 못했다. 조금씩 다른 견해로 각각의 목회적 상황에서 적용해왔으

---

60 안재경, "학습/세례/입교 교육, 어떻게 할 것인가?" 개혁정론, 5월 7일자. 기획기사
http://reformedjr.com/board02/9053

므로 이 책은 다양한 종교개혁자들의 성례관과 목회적 적용을 잘 정리하여 성경적이고, 교육적인 모범으로 제시하는 칼빈(John Calvin, 1509-1564)의 의견을 개혁교회 성례 교육의 뿌리로 삼아 세례 입교 교육 매뉴얼을 제공하고자 한다.

이미 개혁교회의 전통을 가지고 있는 한국 장로 교회의 헌법에는 입교식을 이런 의미에서 시행하라고 되어 있다. 각 교단의 세례-입교 교육서들에서 이 공식적 신앙고백, 엄중한 서약의 자리를 위한 중요한 문답을 다룬다.[61] 그러나 이 공적 신앙고백을 위해 초대 교회부터 시행되었고, 종교개혁 교회가 되찾아 열심히 실시한 교리문답 교육이 보다 의미있게 진행되어야 할 것이다. 신자들의 영적인 힘의 근원이었던 교리문답 교육을 교회의 병기로 다시 꺼내들라고 권면한 도널드 반 다이켄의 말이 지금 우리 한국 교회에 의미 있게 전달되길 바란다.[62]

---

61 대한예수교장로회, 『헌법』, 251-54.
62 Donald Van Dyken, *Rediscovering Catechism: The Art of Equipping Covenant Children*, 김희정 옮김, 『잃어버린 기독교의 보물 교리문답 교육』, (서울: 부흥과 개혁사, 2012), 24.

03

세례·입교
예비자 교육 매뉴얼

03

세례·입교
예비자 교육 매뉴얼

　이제 세례·입교 교육의 실제를 위한 입교 교리 교육의 구체적 내용과 방법을 제안하고자 한다. 개혁교회의 전통에 따라 역사적 신앙교육서, 교리문답서들을 사용하여 2년 정도 체계적으로 교육 받고 세례와 입교식에 이르면 이상적이다. 바라기는 종교개혁 전통에 따라 하이델베르크 요리문답이나 웨스트민스터 소요리문답의 내용을 찬찬히 공부하고, 마음에 새겨서 자신의 신앙고백으로 입교식에 참여하도록 청소년부에서 교리 교육을 체계적으로 해나가기를 추천한다.

　그런데 현장에서 역사적 신앙교육서를 가르쳐보면 16-17세기의 신앙교육서와 한국 청소년들의 시대적, 문화적 간격이 큼을 느끼게 된다. 그래서 21세기 한국의 청소년들의 삶의 정황에서 이 역사적 신앙교육서의 내용이 요약되어 설명되고, 삶의 언어로 해석된 교재가 필요하다. 네덜란드에서도 최근에 대중을 위한 교리문답서를 작성했고, 미국의 CRC교단에서도 현대 신앙 문서로 현대적 의미의 신앙교육서를 작성했다. 이러한 문서들은 개혁교회가 수백 년 동안 사랑하여 교회의 일치를 이룬 교리문답서들의 가치는 그대로 유지하면서 시대의 변화와 지역 문화적 차이들을 새롭게 해석해주어 각 시대 사람들이 쉽게 이해할 수 있도록 신앙 교육을 돕는 자료들이라 하겠다.

우리나라에서도 각 출판사들에서 역사적 신앙교육서들을 쉽게 가르치고 배울 수 있는 방법들을 개발하여 소개하고 있다. 가정에서, 기독교 학교에서, 교회에서 활용할 수 있는 다양한 교재들이 시중에 많이 나오고 있고, 유튜브 강의나 스마트폰 앱[1]으로도 쉽게 교리를 접할 수 있다. 마인드맵을 이용해서 교리를 정리하는 방법[2]도 학생에게 다가갈 수 있는 좋은 방법들이다. 미국의 CRC교단에서는 일대일 멘토링으로 공적 신앙고백을 앞둔 학생들을 지도하는 교재를 개발했다. 그룹보다는 교사와 학생이 일대일로 진지한 만남과 대화를 통해 신앙고백에 이르게 한다. 한편 미국의 복음연합, 리디머 장로교회에서는 온 가정과 교회가 52문의 뉴시티 교리문답을 통해 매주 한 문답식 공부하고, 암송하는 방법으로 교리 교육을 활성화하고 있다.

본서는 공적 신앙고백을 앞둔 청소년을 위한 15과 입교 교리문답 매뉴얼(지도서)로서 모델 교안을 제시하고 있다. 1과당 한 시간 반 정도 시간이 소요되며, 각 교회의 상황에 따라 1회용 또는 2회용 교육으로 사용할 수 있다. 교회 청소년 교육으로 15주 교육 과정을 수행하기란 현실적으로는 쉽지 않은 기획이다. 그러나 최소한 15주 정도의 연속적

---

1 성약출판사의 신앙고백 앱, 하이델베르크 요리문답, 웨스트민스터 소요리문답, 푸른 아카데미가 만든 기독교교리앱 등이 있다.
2 흑곰북스의 『특강 소요리문답』 황희상 저. 『특강 하이델베르크 요리문답』 이성호 저.

교리 교육을 진행하게 될 때 성경의 핵심 교리와 삼위일체 하나님의 구원 사역을 성경으로부터 배우고, 삶의 의미를 찾고, 마음으로 확신하게 되는 참된 신앙에 이르는 계기를 마련할 수 있을 것 같다. 사실 이것은 최소한의 교육 기간이다. 입교 교육은 집중적인 교육 과정으로 신앙의 교사와의 관계성이 형성되어 신앙에 대해 궁금했던 것, 모르고 있었던 것들을 물을 수 있는 기회가 되고, 관심조차 없었던 성경의 내용들에 관심을 갖고, 교회에서 습관적으로 행해왔던 예배와 예식들의 중요한 의미들을 알아가며 신앙의 맛을 조금이나마 느끼게 되는 계기가 될 것이다.

입교라는 교회의 공식적 예식에 참여하는 필수 관문으로 자리할 때 학생들은 의무감, 책임감을 가지고 적극적으로 참여하게 된다. 이러한 의미에서 청소년기에 꼭 받아야 하는 통과 의례로 입교 교리 교육이 자리잡도록 교육 목회 차원에서 준비되어야 한다.

처음에는 지겹고 힘들더라도 몇 주 계속 진행하다보면 점차 살아있는 하나님의 말씀이 그들에게 역사하셔서 재미있는 신앙 교육이 된다.

이 15과의 교육 내용을 결정하기 위해 세계 개혁교회의 사랑받는 신앙교육서들; 벨직 신앙고백서(1561), 하이델베르크 요리문답(1563), 도르트 신조(1618-1619), 웨스트민스터 소요리문답(1647), 대요리문답(1648), 칼빈의 제네바 신앙교육서(1542), 현대 미국의 현대신앙문서 (CRC-Our World Belongs to God: A Contemporary Testimony, 2008), 최근 미국의 뉴시티 교리문답 (The New City Catechism, 2017)까지의 내용을 살펴보았고, 개혁교회의 교리의 내용을 연구하며 주제와 내용을 추려내었다.

각각의 역사적 신앙교육서는 다양한 교재로 출판되어 있고, 교리앱으로도 전문을 볼 수 있으므로 이 책에서는 각 과에 사용된 문답만을 기록하였고, 입교 교육 진행 모델을 소개하는 목적으로 최소한의 핵심 내용을 담아보았다.

3.1. 공적 신앙고백을 위한 교리 교육 커리큘럼의 실제: 15과

교육 프로그램명	신앙의 집 기둥세우기(15회 교육, 매회 1시간 30분, 일대일 교육 또는 소그룹 진행)
교육 매뉴얼 제목	나는 믿습니다. (세례-입교 예비자들을 위한 믿음의 교육 과정)
교육 대상	유아 세례를 받은 14세 이상 청소년 입교지원자 또는 14세 이상 청소년 세례지원자
교육 목표	15회 교육을 통해 개혁교회 교리의 핵심을 배우고, 자신이 믿는 바가 무엇이고, 개혁교회의 성도됨이 의미하는 바를 배운다. 유아 세례 때 부모가 고백한 신앙의 내용을 자신의 것으로 학습하고, 고백하는 하나님의 언약에 대한 순종으로서의 반응과 결단하기를 목적한다.
교육 과정 (각 과의 제목)	1과. 나는 하나님의 창조를 믿습니다. 2과. 나는 성경이 하나님 말씀임을 믿습니다. 3과. 나는 삼위 하나님의 "언약"을 믿습니다. 4과. 나는 삼위 하나님의 구원 역사를 믿습니다. 5과. 나는 인간이 타락한 죄인임을 깨닫습니다. 6과. 나는 예수님이 우리의 중보자로 오심을 믿습니다. 7과. 나는 예수님의 십자가와 부활을 믿습니다. 8과. 나는 우리와 함께 하시는 성령님을 믿습니다. 9과. 나는 말씀과 성령으로 인도하시는 그리스도의 몸 된 교회를 믿습니다. 10과. 나는 성령님께서 말씀과 성례로 믿음을 자라게 하심을 믿습니다. 11과. 하나님 나라의 시민 된 나는 하나님을 사랑합니다. 12과. 하나님 나라의 시민 된 나는 이웃을 사랑합니다. 13과. 나는 기도가 하나님이 요구하시는 감사의 행동임을 믿습니다. 14과. 예수 믿는 나는 죽어도 영생 얻음을 믿습니다. 15과. 나는 믿음의 고백으로 성찬의 자리에 나아갑니다.

3.2. 교재 구성 원칙 및 교안 활용 방법론

교리 교육은 이미 성경을 교육하는 하나의 방법론이다. 성경의 내용을 압축적으로 정리하여 묻고 답함으로 하나님의 언약의 축복을 선포하고, 응답하게 하는 방법이다.[3] 종교개혁기에 사용했던 교리문답서가 훌륭하나 가르치는 기간이 2년 정도 소요되므로, 한국 교회 청소년 교육 현장에서 별도의 교리 교육을 위한 시간을 마련하는 것이 필요하고, 현 교회의 상황에서는 14-15세 정도에 시행하는 입교식을 위해 청소년부(중등부)에서 입교 지원자들을 받아 15주 이내의 단기간 집중 교육을 시행하면 좋겠다. 이 입교 교리 교육은 청소년부 지도 교역자가 진행하면 좋을 것 같다. 이 기간 동안 목회자는 유아 세례를 받고 교회의 교육을 받으며 자라온 청소년과 신앙의 뼈대가 되는 성경 지식을 다시 한번 점검하며 세워주고, 신앙의 질문들을 친밀하게 묻고 답하면, 신앙이 머리에서 마음으로 내면화되는 과정으로 인도하게 될 것이다. 이러한 현장의 필요에 맞게, 입교 지원자들의 학습 능력에 맞게 담당 목회자들은 다음의 모델 교안을 활용하여 한 시간에서 한 시간 반의 교육을 진행할 수 있다.

교안의 중요한 구성 원칙 및 활용 방안은 다음과 같다.

① 각 과의 제목이 한 과의 학습을 통해 형성되기를 바라는 신앙고백의 내용이다.

---

3 Willem Verboom, "The Heidelberg Catechism: A Catechetical Tool." In *A Faith Worth Teaching: The Heidelberg Catechism's Enduring Heritage*, ed. Jon D. Payne & Sebastian Heck (Grand Rapids, Michigan, RHB 2013), 223-46.

② 입교 교리 교육이지만, 역사적 교리문답의 문답 내용을 그대로 암기하는 방법이 아니라 학생들이 성경을 직접 찾아서 성경 본문을 읽으며 신앙의 내용을 이해하도록 구성하였다. 신앙 형성에서 성경의 중요성을 강조하였다.

③ 각 과마다 중요한 핵심은 역사적 개혁교회의 신앙교육서의 문답을 직접 인용해서 함께 읽고 답하면서 역사적 기독교 신앙과 연대하는 신앙 교육을 하고자 하였다. 개혁교회의 사랑받는 신앙교육서(주로 하이델베르크 요리문답, 웨스트민스터 소요리문답)의 문답으로 학습 내용을 정리하고, 조금 더 쉽게 풀어주어야 할 필요가 있는 부분에서 현대 개혁교회들이 정리해서 출간한 미국 CRC교단의 『현대신앙문서』나 복음연합과 리디머 장로교회의 어린이를 위한 『뉴시티 교리문답(키즈)』과 같은 현대적이고 쉬운 언어로 학생들의 일상의 세계에 신앙을 소개하고자 했다.

④ 성경과 역사와 현재의 학생들의 삶을 연결하는 교수학적 다리놓기를 시도하였고, 각 과의 신앙고백의 내용에 따라 신학적 용어의 의미를 설명하는 인지적 접근이 있는가 하면, 자신들이 죄인임을 성경 본문을 통해 깨닫고, 예수님에 대한 신앙고백으로 들어가기 위한 관계적이고, 마음에 묻는 질문들, 놀이를 통한 도입 등도 활용해보았다. 그러나 짧은 기간에 믿음의 핵심 내용을 확고히 하고, 점검하는 입교 교육은 신앙의 지식적 측면을 간과할 수 없고, 그 확실한 지식 위에 견고한 신앙의 기둥을 세우고자 하는 목적이 있다.

⑤ 자신이 이해한 오늘의 신앙 내용을 한 줄로 정리하며 잘 이해되었는지 오늘의 자신의 언어로 표현해보도록 하였다. 신앙의 핵심 내용이 학생들에게 어떻게 이해되었는지 확인이 필요하기 때문이다.

⑥ 오늘 배운 내용을 생각하며 기도문을 작성해 보고, 성령의 도우심을 구하며 마무리한다.

⑦ 이어지는 다음 과에서는 앞에 배운 것을 복습하는 복습 문제나 활동으로 시작하여 매 시간 앞의 내용을 복습하며 진행한다. 이렇게 해서 마지막 15과를 배울 때는 14개 과의 내용들이 구슬처럼 한 줄에 꿰어져 목걸이로 연결되어 하나의 신앙 구조를 형성할 수 있게 되고, 자신의 표현으로 신앙을 고백할 수 있도록 인도한다.

⑧ 교회는 이 입교 교육을 입교 준비자의 부모와 온 교회 성도들의 기도와 지원으로 교회 성도의 자녀들이 자신의 신앙고백으로 세워지는, 교회의 책임있는 일원으로의 소속감, 정체성을 가지는 계기가 되도록 중요한 교육 기회로 삼기를 바란다.

1과 | 나는 하나님의 창조를 믿습니다.

|1| 나를 멋지게 소개해보세요.

1. 어디서 태어났는지?
2. 부모님이나 친구들이 말하는 나의 특징은?
3. 이름의 뜻은 무엇?
4. 나는 누구를 닮았는지?(성격, 외모, 체질 등)
5. 한 가지 나를 자랑하자면?

|2| 인간은? : 네이버 지식백과에서~

생물학적 견지에서 영장류, 호모사피엔스 가장 가까운 유인원에 비해 해부학적으로 두골의 형태에서 차이를 보이며 직립보행이 특징. 언어를 사용하는 가장 발달된 동물. 다른 동물에 비해 자신의 행동을 사고, 감정, 의지, 법칙들을 토대로 통제할 수 있다. 심리적 작용에 의하여 이성 및 의지력이 있고, 종교적 신앙이 있다. 다른 동물들은 자연 조건에 스스로를 적용시키지만, 인간은 도구를 활용하여 자연을 변화시키고, 개발, 활용할 수 있다.
사회성이 있어서 조직을 이루고 살고, 노동하고, 문화를 이룬다.

 나는 왜 이 땅에 왔을까?

나는 이 땅에서 무엇을 해야할까?

나는 어디로 가는 것일까?

과학과 백과사전의 정보들은 위와 같은 인간의 근본적 질문들에 대해 어떠한 답도 알려주지 못합니다.

그런데, **우리는 성경을 통해** 이러한 근본적 질문들에 대한 명쾌한 **열쇠를 발견**합니다!

 **나는 하나님의 창조를 믿습니다.**

* **성경을 펼쳐서 첫 번째 구절을 읽어보세요.**

성경의 제일 처음에 나오는 구절은 성경의 열쇠와 같습니다.

"태초에 하나님이 천지를 창조하시니라"

성경은 하나님이 이 세상을 만드신 이야기로 시작합니다.

창세기는 모든 것의 시작 이야기입니다. 여기에 사람의 시작 이야기도 나옵니다.

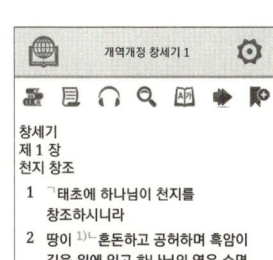

1과 | 나는 하나님의 창조를 믿습니다.

창세기 1:24-31

24 하나님이 이르시되 땅은 생물을 그 종류대로 내되 가축과 기는 것과 땅의 짐승을 종류대로 내라 하시니 그대로 되니라
25 하나님이 땅의 짐승을 그 종류대로, 가축을 그 종류대로, 땅에 기는 모든 것을 그 종류대로 만드시니 하나님이 보시기에 좋았더라
26 하나님이 이르시되 (우리의 형상)을 따라 (우리의 모양)대로 우리가 (사람)을 만들고 그들로 바다의 물고기와 하늘의 새와 가축과 온 땅과 땅에 기는 모든 것을 다스리게 하자 하시고
27 하나님이 자기 형상 곧 하나님의 형상대로 사람을 창조하시되 남자와 여자를 창조하시고
28 하나님이 그들에게 복을 주시며 하나님이 그들에게 이르시되 생육하고 번성하여 땅에 충만하라, 땅을 정복하라, 바다의 물고기와 하늘의 새와 땅에 움직이는 모든 생물을 다스리라 하시니라
29 하나님이 이르시되 내가 온 지면의 씨 맺는 모든 채소와 씨 가진 열매 맺는 모든 나무를 너희에게 주노니 너희의 먹을 거리가 되리라
30 또 땅의 모든 짐승과 하늘의 모든 새와 생명이 있어 땅에 기는 모든 것에게는 내가 모든 푸른 풀을 먹을 거리로 주노라 하시니 그대로 되니라
31 하나님이 지으신 그 모든 것을 보시니 보시기에 심히 좋았더라 저녁이 되고 아침이 되니 이는 여섯째 날이니라

Q 위의 성경 구절들을 읽고 발견한 정보들을 적어보세요.

(학생들의 참신한 발견 격려)

1. 하나님이 땅에게 명령하시니 땅이 생물을 내고, 가축, 곤충, 땅의 짐승들이 종류대로 나옴
2. 하나님이 우리, 복수로 표현됨
3. 하나님이 하나님의 형상과 모양대로 사람을 만드셨는데, 그것이 남자와 여자.
4. 그 사람에게 복을 주시고, 모든 것을 다스리라 하심
5. 그 모든 것은 하나님 보시기에 심히 좋았다.

Q 하나님이 창조하신 세상의 모습은 어떠했나요?

하나님이 보시기에 심히 좋으셨다.

Q 인간이 하나님의 형상으로 창조되었다는 것은 어떤 의미가 있을까요?

인간은 하나님이 가장 사랑하시는 피조물

> **하이델베르크 요리문답 6문**
>
> 답: "…하나님은 사람을 선하게 또한 자신의 형상, 곧 참된 의와 거룩함으로 창조하셨습니다. 이것은 사람으로 하여금 자신의 창조주 하나님을 바르게 알고, 마음으로 사랑하며, 영원한 복락 가운데서 그와 함께 살고, 그리하여 그분께 찬양과 영광을 돌리기 위함입니다."

1. 하나님을 따라 의와 진리와 거룩함으로 지으심을 받음(에베소서 4:24)
2. 하나님의 형상이므로 하나님을 바르게 알고, 사랑하고, 영원한 복을 누리며 그분과 함께 살도록 하심
3. 그렇게 하나님을 찬양하고, 하나님께 영광돌리며 사는 것이 인간의 본래 존재 목적이자 행복
*우리가 누구인지는 "하나님의 형상으로 지음받은 피조물"이라는 것에 답이 있습니다.

Q 하나님이 창조하셨다는 것은 우리에게 무엇을 깨닫게 하나요?

세상과 인간, 내가 하나님의 것이라는 것
(시 24:1 땅과 거기에 충만한 것과 세계와 그 가운데에 사는 자들은 다 여호와의 것이로다)

위의 본문에서 '우리의 형상'이라는 표현이 특이합니다. 하나님은 왜 자신을 "우리"라는 복수로 표현하셨을까요?

하나님은 태초부터 성부, 성자(말씀), 성령으로 계셨어요. 우리가 이해하기 어렵지만 하나님은 태초부터 성부, 성자, 성령님이 함께 영으로 계시는 분이십니다. 이것을 한자로 만든 단어가 "삼위일체"입니다. 이 삼위일체 하나님께서 아무도 없는 데서 세상을 창조하시고 형상과 질서를 세우셨습니다.

 그런데 삼위일체 하나님은 남자일까요, 여자일까요?

창조주 하나님은 남자도, 여자도 아닙니다. 하나님은 삼위로 계시는 분으로, 성별이 없으세요. 그러나 하나님께서는 인간을 두 가지 성별로 만드셔서 결혼을 통해 온전한 하나가 되길 원하십니다. 이것이 인간을 향한 하나님의 계획이셔요.

인간은 하나님의 형상이므로 남자도 하나님의 형상, 여자도 하나님의 형상입니다. '삼위'는 아니지만, '남자'와 '여자'가 하나 되는 훈련의 장이 가정입니다. 그리고 하나님께서는 '결혼'을 통해서 인간이 자신들을 닮

은 자손을 낳을 수 있는 축복의 방법을 마련해 주셨습니다. 우리는 자녀들을 창조할 수 없지만, 남자와 여자의 결혼을 통해 하나님께서 그 가정에 우리를 닮은 하나님의 자녀를 선물로 보내주시는 것입니다. 하나님의 형상으로 창조된 인간은 가정과 사회를 이루고 함께 살아가는 존재입니다. 하나님이 삼위로 계시며 온전히 사랑하시고 협력하시는 것처럼, 우리도 서로의 다름을 사랑으로 수용하며, 각각의 은사로 서로 돕기를 원하세요. 이렇게 아름다운 하나됨을 이루어 하나님의 형상을 나타내기를 기대하신답니다.

하나님 형상으로 창조된 우리에게 하나님께서 부탁하신 것이 있어요. 이것을 "**소명**"이라고 해요.

> 『우리의 세상은 하나님의 것이다: 미국CRC 교단의 현대신앙문서』 10항
>
> "하나님의 형상을 따라 창조된 우리는 창조주와 사랑의 관계 안에 살게 되었으며 창조 세계를 돌보고 즐거워하는, 그리고 우리의 이웃을 사랑하는 이 세상의 관리자와 돌보는 자로 소명을 받았다.
> 하나님의 세상이 발전하고 행복함으로 모든 피조물과 그 안에 사는 모든 것들이 풍요로워지도록 하나님께서는 우리의 노력을 사용하신다."

하나님의 세상을 향한 나의 소명 찾기

1. 하나님 형상으로 창조된 나는 무엇을 할 때에 가장 행복한가요?
   (자기가 가장 즐겁게 할 수 있는 일을 말하기)

2. 나는 어떠한 노력으로 하나님의 세계를 발전시킬 수 있을까요?
   (예: 저는 역사 공부를 좋아합니다. 특히 한국이 어떻게 분단되었는지 해방 이후부터 현대까지의 역사를 잘 연구하여 한반도 통일, 화해를 위해 일하고 싶습니다.)

3. 세상에는 돌봄이 필요한 분야가 많아요. 그리고 우리의 돌봄을 필요로 하는 이웃도 많이 있습니다. 나는 어떠한 곳에 마음이 가나요? 어떤 사람을 보면 돕고 싶나요?
   (예: 북쪽 동포들이 사상적, 종교적 자유가 없고, 경제적 어려움 속에 놓여 있는 것이 마음이 아픕니다. 그리고 세계 곳곳이 가난한 아이들, 학교에 갈 수 없는 아이들을 돕고 싶습니다.)

오늘 배운 믿음의 내용을 한 문장으로 정리해봅시다.

예) 사랑의 하나님,

우리는 이 땅에 살면서 세상이 주는 편견들로 인해 우리가 너무나 작고, 힘없고, 무능해 보일 때가 있습니다. 그런데 성경을 통해 우리가 얼마나 중요한 존재인지 다시금 생각하게 됩니다.

하나님께서 우리를 하나님의 형상으로 창조하시고, 다른 어떤 동물과 달리 우리에게 세상을 관리하고, 돌보는 사명을 주셨음에 감사합니다. 자존감이 낮아질 때마다 내가 누구인지를 기억하고 하나님의 진리와 거룩함과 의로움으로 채워가며, 하나님 닮아가며, 세상과 주변 이웃을 돌보기 원합니다. 하나님을 알아가는 기쁨을 주시고, 더욱 열심히 하나님을 배우게 하소서.

예수님의 이름으로 기도합니다. 아멘.

1 과 ✡ 교 수 학 습 포 인 트

첫 과에서 인간은 하나님의 형상으로 창조된 존재임을 배웁니다. 현대에 인간의 기원을 찾는 많은 연구들이 있지만 기독교는 인간이 하나님의 형상으로, 하나님에 의해 창조된 피조물임을 믿습니다. 이 믿음은 성경으로부터 얻게 되었습니다.

이 성경으로부터 얻은 인간의 존재 양식은 삼위일체 하나님의 형상을 닮아 원래는 하나의 사람이었는데, 남자와 여자라는 두 가지 성으로 하나님께서 지어주셨습니다. 이것은 인간이 처음부터 함께 협력하는 사회적 존재로 삼위일체되시는 하나님의 영광을 드러내도록 지어졌음을 깨달을 수 있습니다. 이 하나님의 형상인 사람, 즉 남자와 여자에게는 하나님의 창조 질서를 돌보는 소명이 주어졌습니다.

인간은 함께 하나님이 인간을 지으신 목적에 따라 하나님의 세계를 돌보며 하나님의 영광을 드러내는 삶을 살 때 가장 행복한 존재입니다.

2과 | 나는 성경이 하나님 말씀임을 믿습니다.

📖 1과 복습

< 하나님의 창조와, 하나님의 형상으로서의 인간 >

1. 우리는 하나님의 (형상)으로 지음받은 존귀한 자들이다.
2. 창조는 (성부)하나님, 말씀으로 계셨던 (성자)하나님, (성령) 하나님 삼위일체 하나님의 동역.

   삼위 하나님을 닮은 인간은 남자와 여자로 창조되었다. 인간도 남자와 여자가 원래 하나였고, (결혼)으로 다시 하나 되도록 계획하셨다.
3. 창조주 하나님은 그분의 사랑으로 세상과 인간을 창조하셨고, 하나님의 형상인 인간은 창조주 하나님을 (경외)[1]하고, (순종)[2]으로 반응한다. 이것이 하나님과 인간의 관계.
4. 하나님이 세상과 인간의 주인으로서, 인간을 (청지기)[3]로 위임하셔서 세상을 다스리게 하심 = 세상을 향한 책임 (소명)
5. 하나님의 세계는 하나님이 보시기에 심히 (좋았다): 질서 - 조화로움.

---

1 경외: 공경하고 두려워함. awe, respect
2 순종: 말씀을 잘 듣고 따름. obedience
3 청지기 : 관리자, 돌보는 자

 **나는 성경이 하나님의 말씀임을 믿습니다.**

나는 누구인가? ⇨ 하나님의 형상 ⇨ 하나님은 누구신가?
⇨ 성경 ♥ ⇨ 하나님 ♥ ⇨ 나 ♥

내가 누구인지는 하나님을 이해함으로 더 잘 알게 됩니다. 그런데 어떻게 우리가 하나님을 알 수 있을까요? 우리가 스스로 하나님을 알 수 없습니다. 하나님께서 스스로 우리에게 알려주셔야만 우리가 그분을 알 수 있습니다.

다행히도 하나님께서는 자신을 성경에 다 알려주셨습니다. 그래서 우리는 성경을 통하여 하나님이 누구신지 알 수 있고, 그로부터 하나님의 형상인 우리가 누구인지 알게 되는 것입니다.

그러므로 우리는 성경을 배움으로 하나님을 영화롭게 하는 복된 인간의 삶을 살게 되는 것입니다.

> **칼빈의 제네바 요리문답 1문, 2문**
>
> **1문**: 인간의 삶의 제일된 목적이 무엇입니까? (= 3문 인간의 최상의 행복)
> 답: 인간을 창조하신 하나님을 (아는) 것입니다.
> **2문**: 무슨 이유에서 당신은 그렇게 말합니까?
> 답: 하나님은 우리들 가운데 영광을 받으시기 위하여 우리를 지으시고 세상에 살게 하셨기 때문입니다. 또 하나님은 우리의 삶의 (근원)이시기 때문에 우리가 하나님의 영광을 위해 삶을 살아가는 것은 당연한 일입니다.

먼저, 내가 알고 있는 하나님에 대해 세 가지만 써보세요.

> 하나님은 신이시다. 하나님은 사랑이 많으시다. 하나님은 전능하시다 등.

Q 하나님을 바르게 더 깊이 알려면, 우리는 (성경)을 펼쳐야 합니다. 성경을 통해 하나님을 알 수 있고, 하나님 형상인 내가 누구인지도 알게 됩니다.

하나님이 어떤 분인지 성경을 직접 찾아 적어보세요.

1. 사랑이 풍성하신 (아버지)
   신명기 1:31 (자기 백성을 아들처럼 안아서 인도하심)
   시편 103:13 (자기를 경외하는 자를 아버지가 자식을 긍휼히 여김같이 여기심)
   이사야 63:16 (주는 우리의 아버지시라)
   : 아버지는 생명을 주는 존재, 자녀를 낳는 존재. 하나님은 영원 전부터 생명을 주시는 분

2. 하나님은 (유일)하신 분
   신명기 6:4 (우리 하나님 여호와는 오직 유일한 여호와)

3. 하나님은 (사랑)이시다.
   요한1서 4:7-8

4. 범죄한 인간을 (구원)하러 오시고, (살리)시는 하나님
   창세기 3:1-15 (뱀에 의해 하나님이 금하신 선악과를 따 먹음으로 창조주 하나님과 맺은 생명 언약은 깨어지고, 그 결과 인간에게는 죽음의 형벌이 임한다. 죄지은 후 두려움에 떠는 아담과 하와에게 나타나셔서 여인의 후손을 통해 구원하실 실마리를 보여주심)
   요한1서 4:9-10 (사랑이신 하나님이 죄지은 우리를 살리러 화목 제물로 독생자를 보내셨다)

5. 성령의 역할
   로마서 8:11 (예수를 죽은 자 가운데서 살리신 영이 우리도 살리심)
   에스겔 36:26 (우리 속에 새 영을 주심), 요한복음 3:3-8 (거듭나게 하심)
   로마서 5:5 (이것이 성령께서 우리에게 자신의 생명을 부어주시는 방식)
   로마서 8:26 (성령도 우리의 연약함을 도우셔서 기도하게 하심)
   로마서 8:15 (양자의 영을 받아 아빠 아버지라 부르게 하심)
   베드로전서 1:23 (하나님의 말씀으로 거듭나게 하심)

6. 삼위 하나님의 관계성
   마태복음 3:16-17
   (성부께서 성자를 향한 사랑과 그분 안에 있는 기쁨을 선포할 때 성령께서 예수님 위에 임한다. 성부께서는 성령을 주심으로 자신의 사랑을 알게 하신다: 인격적인 삼위 하나님의 사랑의 교통의 모습!)
   고린도후서 13:13
   하나님은 세 분(위격)입니다(주 예수 그리스도의 은혜와 하나님의 사랑과 성령의 교통하심이 너희 무리와 함께 있을지어다)

 성경이 말하는 하나님의 속성들을 정리해보세요.

> **웨스트민스터 소요리문답 4문. 하나님은 어떤 분이십니까?**
>
> 답: 하나님은 신이십니다.
>   그분의 존재와 지혜와 권능과 거룩하심과 의로우심과 선하심과 인자하심과 진실하심은 무한하시며, 무궁하시며, 불변하십니다.

> *** 기독교강요 서문 ***
> 인간은 하나님에 대하여 더 알게 될수록 자신에 대하여 더 알게 되며, 그들 자신에 대하여 더 알게 될수록 하나님에 대하여 더 알게 된다. 이것은 인간이 실제로 하나님의 형상을 지녔기 때문이다.

성경은 성경을 어떤 책이라고 말씀하시나요?

디모데후서 3장 13-17절

13 악한 사람들과 속이는 자들은 더욱 악하여져서 속이기도 하고 속기도 하나니
14 그러나 너는 배우고 확신한 일에 거하라 너는 네가 누구에게서 배운 것을 알며
15 또 어려서부터 성경을 알았나니 성경은 능히 너로 하여금 그리스도 예수 안에 있는 믿음으로 말미암아 구원에 이르는 지혜가 있게 하느니라
16 모든 성경은 하나님의 감동으로 된 것으로 교훈과 책망과 바르게 함과 의로 교육하기에 유익하니
17 이는 하나님의 사람으로 온전하게 하며 모든 선한 일을 행할 능력을 갖추게 하려 함이라

⇨ 1. 어려서부터 배워온 신앙의 책으로 신뢰할 수 있는 책.
　2. 그리스도 예수 안에 있는 믿음으로 구원에 이르는 지혜를 알려주는 책
　3. 하나님의 감동으로 된 책
　4. 교훈, 책망, 바르게 함, 의로 교육하기에 유익한 책
　5. 하나님의 사람을 온전하게 하며, 선한 일을 행할 능력을 갖추게 하는 책

 성경은 몇 권으로 되어 있나요?

66권 : 구약 39권, 신약 27권

성경의 책 이름들을 외워봅시다

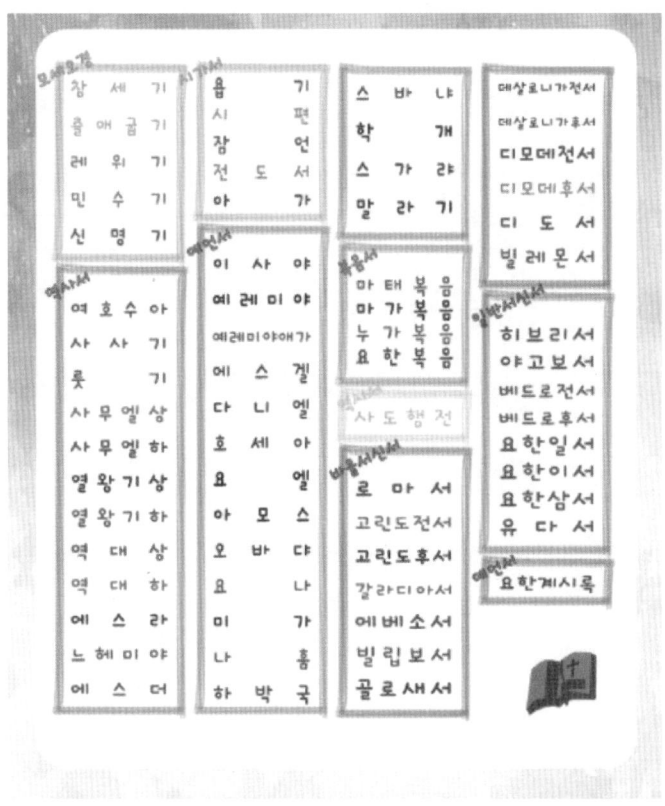

〈성경책을 펼쳐서 성경을 직접 찾아 읽어봅시다. 그러기 위해서는 성경책의 제목들을 외우는 것이 필요해요. 성경 목록을 외우는 새 노래를 배워봅시다.〉

*수영로교회가 제작한 〈성경목록가 501〉은 2018년 종교개혁기념일 10월 31일 한국 교회에 무상으로 공유된 곡이다. 새로운 〈성경목록가〉는 수영로교회 홈페이지(www.sooyoungro.org)에서 음원과 악보, 뮤직비디오를 다운로드할 수 있다.
(출처 : 기독신문(http://www.kidok.com) 김병국 기자/ 승인 2018.10.31.)

 그런데, 나는 성경을 읽는 귀중한 습관이 형성되어 었나요?

어느 시간에 성경을 읽나요?

매일매일 성경을 묵상하는 시간을 갖기로 약속해요.

 오늘 배운 믿음의 내용을 한 문장으로 정리해봅시다.

사랑의 하나님, 성경을 통해 하나님이 누구신지 알려주셔서 감사합니다. 성경을 배우고, 성경을 더 익숙하게 읽어가도록 도와주세요. 그리고 성경 속에서 나를 사랑하시는 하나님을 만나고, 하나님의 형상으로 자라가게 해주세요.
예수님의 이름으로 기도합니다. 아멘

참 고

한편 성경은 다른 책들과 구별되게 읽고 사용해야 합니다.

1. 성경은 하나님의 말씀으로 계시의 책입니다.

성경은 하나님의 말씀으로 하나님이 누구신지를 하나님 자신이 스스로 알려주시는 책입니다.

- 하나님은 일반 계시와 특별 계시로 자신을 알려주십니다.

하나님이 창조하신 세계는 일반인들에게 모두 열려 있어서 창조 세계의 신비를 통해 하나님이 계시다는 것을 깨달을 수 있습니다. (일반 계시)

그러나 그 일반 계시로는 하나님의 구원의 복음을 깨달을 수는 없습니다. 그래서 하나님은 성경에 하나님의 구원에 관한 모든 뜻을 명확히 기록해주셨습니다. 이것이 은혜입니다.

그런데 이 성경은 모든 사람들이 읽을 수 있으나 깨닫지 못하고, 읽고자 하지도 않습니다. 오직 택하신 자들만이 성령을 통하여 그 구원의 놀라운 섭리를 깨달을 수 있습니다. 그래서 성경은 특별 계시입니다.

2. 성경은 성령의 감동으로 인간 저자들이 역사 속에서 기록한 책입니다.

3. "성경에 있는 모든 것들은 그 자체로 똑같이 명료하지는 않으며 모든 사람에게 분명하지도 않다. 그러나 구원을 위해 우리가 반드시 알아야 하고, 믿어야 하고, 순종해야 하는 것들은 성경의 이곳저곳에서 분명하게 설명되고 공개되었기 때문에, 배운 사람뿐만이 아니라 못 배운 사람이라 할지라도 일반적인 수단들을 제대로 사용하면 그것들에 대한 충분한 이해에 도달할 수 있다."(웨스트민스터 신앙고백서 1장 7항)

4. 성경은 교회의 책이고, 목회자의 설교와 가르침을 통해, 그리고 교회를 통치하시는 성령님의 역사하심을 통해 지도받아야 하는 책입니다.

5. 성경은 개인의 경건을 위해 읽을 수 있지만, 자신이 느끼는 대로 문자적으로 적용하는 것은 주의해야 합니다. 그래서 목회자의 도움이 필요합니다. (벧후 1:20)

6. 성경을 읽다가 이해가 되지 않을 때 인터넷 검색을 활용하는 것은 주의를 필요로 합니다. 인터넷 사이트를 통해 많은 이단들이 자신들의 교리를 뿌려놓았기 때문에 잘못된 신앙에 빠질 수 있습니다. 그러므로 성경은 본 교회의 목회자를 통해 확인하는 것이 꼭 필요합니다. 그래서 교회의 설교, 교육, 소그룹에서의 배움이 필요합니다.

2 과 ✡ 교 수 학 습 포 인 트

1과에서 인간은 하나님의 형상으로 하나님께서 창조하신 존재임을 배웠습니다. 그런데 그 인간의 기원을 우리는 성경을 통해 배웠습니다. 우리는 성경을 통해 하나님 신앙을 갖게 되었는데, 우리가 믿는 하나님께서는 성경에 자신을 드러내 주셔서 인간이 하나님을 알 수 있도록 하셨습니다. 이것을 계시라고 합니다.

그래서 2과에서는 성경에 기록된 하나님은 누구신지 직접 구절들을 찾아보도록 구성되었습니다. 그리고 교리문답서들을 통해 성경에 나타난 하나님을 잘 요약하고 있습니다.

우리는 성경이 어떤 책인지 정확히 이해하고, 성경 66권의 이름부터 기억하도록 합시다. 개혁주의 신앙은 성경적 신앙임을 말하면서 성경 66권의 책 이름도 알지 못하는 교인들이 많아졌습니다. 청소년들이 성경의 책들에 친근히 접근하고, 펼쳐서 읽어나가면서 하나님을 만나도록 동기부여하는 시간이 되길 바랍니다.

3과 | 나는 삼위 하나님의 "언약"을 믿습니다.

 2과 복습

1. 하나님께서는 인간을 위해 자신을 스스로 나타내 주심을 무엇이라 하나요? (계시)
2. 하나님이 창조하신 세계를 통해 인간이 하나님의 존재를 깨달을 수 있도록 하신 것을 (반계시)라 하고, 특별히 하나님의 창조, 인간의 타락, 예수 그리스도의 구속, 성령님의 성화와 회복의 구원 역사를 (성경)에 기록하게 하여 택한 자들에게 구원의 복음을 알리신 것을 특별 계시라 합니다.
3. 성경에 기록된 하나님의 특징 중 그분의 독특한 존재 방식은? (삼위일체)
4. 성경에서 삼위일체 하나님은 우리를 창조하실 뿐만 아니라 범죄하여 죽을 수밖에 없는 우리를 구원하실 놀라운 계획을 갖고 계십니다. 성경은 바로 이 (구원)의 이야기입니다.
5. 참된 나를 알려면, 하나님을 알아야 합니다. 그런데 하나님을 알려면 (성경)을 공부해야 합니다. 하나님은 성경을 통해 자신을 나타내시기 때문입니다.

 **오늘의 신앙고백** **나는 삼위 하나님의 언약을 믿습니다.**

도입 활동: 약속을 지키지 못해서 어려웠던 일이 있나요? 약속을 지켜서 자랑스러웠던 일이 있나요? 함께 나누어 봅시다.

Q 나는 누구와 어떤 약속을 하였나요?

Q 나는 약속을 잘 지키는 사람인가요?

Q 언약이란 무엇일까요?

성경은 둘로 나누어 앞의 39권을 **구약**(舊約), 그 뒤의 27권을 **신약**(新約)이라고 합니다. 여기서 "약"은 무슨 의미일까요?

이 약(約) 자는 "묶을 약" 약속할 때 약자입니다. 특히 성경에서 **하나님과 인간의 관계에서 맺은 약속을 언약**이라고 합니다. 이것은 성경의 큰 두 묶음의 책을 연결할 수 있는 매우 중요한 개념입니다. 히브리어로는 "베리트"(283회 사용), 그리스어로는 "디아떼케"(316회 사용)로 나타납니다. 이 약속을 통해 하나님과 사람은 '창조주-피조물' 이상의 특별한 관계가 맺어집니다. 그렇기 때문에 언약의 핵심은 약속이 아니라 **관계**(relationship)입니다.[1]

언약은 구원 역사를 이해하고, 교회의 성례를 이해하기 위해 반드시 알아야 하는 성경의 핵심 용어입니다. 하나님께서 처음에는 아담과, 그 다음에는 성도들(노아, 아브라함, 모세, 다윗 등)과 각각 언약을 맺으셨고, 그 언약의 궁극적인 성취로 그리스도께서 오셔서 구원 사역을 완성하셨으며, 그 언약을 믿은 사람들이 모여서 성경 말씀을 배우고, 성례를 집행하는 곳이 교회입니다. 그래서 언약은 신자가 반드시 이해하고, 믿고, 누려야 할 축복의 선물입니다.

---

1 이재현, 『구원: 삼위 하나님의 역작』, (용인: 킹덤북스 2018), 48.

 하나님께서 사람과 맺으신 첫 번째 언약은 무엇일까요?

> **웨스트민스터 소요리문답 12문, 16문**
>
> 12문: 사람이 창조받은 지위에 있을 때에 하나님께서 그에게 행하신 특별한 섭리는 무엇입니까?
>   답: 하나님께서 사람을 창조하신 후에 완전한 순종을 조건으로 생명 언약을 맺으시고,
>   선악을 알게 하는 나무의 열매 먹는 것을 사망의 벌로써 금하셨습니다.(창 2:16-17, 호 6:7)
>
> 16문: 아담의 첫 범죄 때에 모든 사람이 타락하였습니까?
>   답: 아담과 맺으신 언약은 아담 한 사람만이 아니라 그의 후손까지 위한 것이므로, 보통 출생법으로 아담의 후손이 된 모든 인류는 아담의 첫 범죄 때에 그의 안에서 죄를 짓고 그와 함께 타락하였습니다.

 사람을 향한 특별한 섭리, 언약

하나님과 인간이 맺은 언약은 창조주 하나님이 특별히 선택한 자기 백성들과의 **친밀한 관계를 표현하는 데** 쓰입니다.

1. 첫 번째 사람 아담과 하나님께서 **행위(생명) 언약**을 맺으셨는데, 그 **내용**은 무엇이었나요?

    (창 2:16-17, 동산 각종 나무의 열매는 임의로 먹되, 선악을 알게 하는 나무의 열매는 먹지 말라. 네가 먹는 날에는 반드시 죽으리라)

2. 하나님이 이 생명 언약을 맺으실 때 사람에게 요구하신 **조건**은 무엇이었나요?   (완전한 순종)

3. 이 언약은 행위 언약이므로 만약 이 언약을 인간이 지키지 않게 되면 **징벌**이 따르게 됩니다. 그 벌은 무엇이었나요?

(언약을 어기면 반드시 죽을 것이다.)

 그럼 인간은 이 생명언약을 지킬 수 있는 능력이나요?

(네)

웨스트민스터 신앙고백 3장 "창조"

-자기의 형상을 따라 지식과 의와 진정한 거룩함을 입히시고, 그 마음에 하나님의 법을 기록하시고(롬 2:14-15) 그 법을 행할 능력을 주셨지만, 변할 수 있는(창 3:6, 전 7:29) 그들의 자유 의지에 맡겨 범법할 가능성을 남겨두셨다. 이 법이 그들의 마음에 기록되었을 뿐만 아니라 명령을 받았고, 이 명령을 지키는 동안 그들은 하나님과 행복하게 교제하며 모든 피조물을 지배하였다.(창 1:26-28)

하나님께서는 창조된 첫 인간에게 지킬 수 있는 행위 언약을 주셨으나 스스로 불순종의 길을 택했기에 축복의 언약 관계가 깨어지고, 그 형벌이 주어진 것입니다. 그것이 '타락'입니다.

 언약을 깨뜨린 인간들에게 하나님은 다시 약속을 주실까요?

> **웨스트민스터 소요리문답 20문**
>
> 20문: 하나님께서 모든 인류를 죄와 비참한 처지에서 멸망하게 버려두셨습니까?
> 답: 하나님께서는, 영원부터 오직 그분의 선하신 뜻대로 어떤 사람들을 영생에 이르도록 선택하셨고, 구속자로 말미암아 그들을 죄와 비참한 처지에서 건져 내어 구원의 지위에 이르게 하시려고 은혜 언약을 세우셨습니다.(창 3:15, 창 17:7, 출 19:5-6, 렘 31:31-34, 갈 3:21, 히 9:15)

창조주 하나님께서는 사랑의 아버지로서 자신의 형상으로 만드신 인간을 포기할 수 없으셨습니다. 여기에서 첫 번째 은혜 언약의 예언이 나타납니다.

> **창세기 3:15**
>
> 내가 너로 여자와 원수가 되게 하고 너희 후손도 여자의 후손과 원수가 되게 하리니 여자의 후손은 네 머리를 상하게 할 것이요

Q 지금 하나님께서 누구와 말씀하고 계신가요?
   (뱀)

Q 여기에 말씀하시는 여자의 후손은 누구를 의미하는 것일까요?
   (예수님)

하나님께서는 인간을 타락에 빠뜨린 뱀을 저주하시며 범죄한 인간을 구하기 위하여 오실 "여자의 후손"을 약속하십니다. 그가 오셔서 사탄의 세력을 멸하실 것입니다.

하나님과 함께 거닐던 에덴 동산에서 쫓겨난 아담과 하와는 이 약속을 믿고 자녀를 낳습니다. 인간의 타락으로 땅도 저주를 받아 땀흘리며 수고해야만 힘들게 먹고 살게 됩니다. 그리고 모든 사람은 죄의 결과로 육체의 죽음을 맞이하게 되었고, 다시 땅으로 돌아가는 존재가 됩니다. 여인들은 고통스럽게 자손을 낳을 때마다 여인의 후손으로 오실 메시야의 구원을 기대하며 기다렸습니다. 시간이 흘러 하나님께서 아브람을 부르시고, 그에게 자손의 축복과 땅을 주시겠다는 약속을 주십니다.

창세기 15장에서 여호와께서 아브라함과 맺은 언약을 통해 언약의 성격을 살펴봅시다.

1. 언약은 하나님의 은혜로 시작되고 인간의 반응으로 성사된다.
1) 언약은 **하나님께서 주도적으로** 맺으십니다: 죄인인 우리에게 오시는 은혜.

　아담과 하와 (에덴동산에서)
　아브라함 (갈대아 지방 우르에서)
　모세 (시내산에서 이스라엘 백성과) 등.

더 나아가 예수를 통해 구원의 언약 관계 안으로 먼저 부르신 분도 역시 하나님이십니다.

2) 하나님은 **인간과** 언약을 맺으셨습니다: 인간의 반응 요구하심.

언약 관계는 하나님 혼자만으로 이루어지지 않습니다. 언약은 서로라는 대상자가 있는 인격적 관계입니다. 비록 하나님이 먼저 시작하시는 것이지만 **언약 관계의 대상자가 계약에 대해 동의 혹은 수락하는 과정**이 있어야 합니다.

아브라함은 하나님이 부르셨을 때 말씀을 듣고 자기 고향의 친척과 부모 집을 떠납니다.

창 15장에서도 하나님은 아브라함에게 자손과 땅의 복을 약속하십니다. 이에 대해 **아브라함은 믿음으로 응답했고(창 15:6) 하나님의 말씀대로 짐승을 준비함으로 본격적인 언약 체결식을 이행합니다**(창 15:9-17). 아브라함은 하나님의 약속을 받아들이는 것을 통해 나름의 반응을 보였습니다. 하나님께서는 쪼갠 고기 사이로 타는 횃불이 지나가게 하심으로 이 언약을 어긴 자는 이와 같이 될 것을 보여주십니다.

언약 관계란 단순히 '창조주-피조물'이라는 조건으로 형성되는 것이 아니라 반드시 **언약 관계를 위해 하나님이 먼저 다가오시는 것과 그것에 대해 사람들이 응답하는 과정이 있습니다.** 사람들이 하나님 은혜에 긍정적으로 응답할 때 비로소 언약 관계가 형성됩니다.

2. 언약 체결 과정에 대한 인간의 긍정적 응답은 믿음이라는 요소로 구성되어 있습니다.

하나님께서 믿음의 조상으로 세워주신 아브라함의 믿음은 그의 놀라운 윤리적 행위에 있지 않습니다. 그가 믿음이 있다고 칭찬받은 것은 하나님을 자신과 후손의 삶에 중요한 분으로 인정하여 받아들이고 신뢰한 것(롬 4:3, 18-21) 때문입니다. 언약에 있어서 인간에게 중요한 믿음의 요소는 하나님을 인정하고, 신뢰하는 것입니다.

이것은 신약에도 그대로 적용됩니다. 예수님을 통해 먼저 구원의 길을 제공하신 하나님께 믿음으로 반응하여 그분과 새로운 언약 관계 안으로 들어갈 수 있습니다.

3. 언약에는 하나님과 인간 쌍방의 법적 의무와 그에 따른 상벌이 있습니다.

1) 의무

하나님의 의무: 언약 백성들에게 사랑과 성실함으로 나타나시는 것. 자기 백성을 돌볼 의무

인간의 의무: 하나님께서 하나님의 백성답게 살라고 주신 토라, 곧 율법을 지키며 사는 것.

2) 언약 위반의 벌: 죽음

하나님은 의로우시기 때문에 언약을 불이행하면 심판하심.

4. 그러나 하나님은 사랑이셔서 자기 백성을 살리기 위해 스스로 자신이 대신 죽어 주심으로, 하나님의 의를 이루시고, 자기 백성을 의롭게 하셔서 영원히 살게 하는 새 언약을 체결하십니다.

 마태복음 26장 28절을 찾아 읽어보세요.

(이것은 죄 사함을 얻게 하려고 많은 사람을 위하여 흘리는 바 나의 피 곧 언약의 피니라)

 마가복음 14장 24절을 찾아 읽어보세요.

(이것은 많은 사람을 위하여 흘리는 나의 피 곧 언약의 피니라)

그를 믿는 자는 죄 사함의 은혜를 입는 은혜의 새 언약으로 초대됩니다.

결론적으로 **언약은** 구약과 신약을 연결하는 고리가 되며, 창조 이전의 계획과 그것을 완성하는 큰 그림을 보여줍니다. 하나님께서는 사람을 자기 자녀 삼고자 하신 큰 계획 속에서 언약을 체결하셨습니다. 인간은 불순종했지만, 하나님께서 구원의 행동으로 다시 언약을 새롭게 하셨습니다. 우리는 다시 하나님의 백성, 하나님의 자녀가 되는 친밀한 관계로 회복될 것입니다. 그리고 새 하늘과 새 땅에서 영원히 함께 하는 삶으로 인도될 것을 보여줍니다.[2]

5. 하나님의 언약과 그 유익에 참여하는 방법은 무엇일까요?

예수 그리스도의 피로 값주고 사신 교회에서의 말씀과 성례(세례와 성찬)를 통해 성령이 역사하십니다.

삼위일체 하나님께서 이 언약이라는 개념을 통해 우리의 구원을 위해 어떻게 일하셨고, 지금도 일하시고 계시는지 말씀을 통해 선포되고, 성례를 통해 언약을 기억하게 하고, 보증합니다.

우리는 이 하나님의 언약의 표징인 유아 세례를 받았고, 지금까지 말씀으로 양육받으며 자라왔습니다. 이제 공적 신앙고백의 자리, 입교식에 나아가려고 준비하고 있습니다. 이것이 지금 우리가 이 교육 과정을 공부하는 목적입니다.

---

[2] 이재현, 『구원: 삼위 하나님의 역작』, (용인: 킹덤북스 2018), 48-69 참조.

오늘 배운 믿음의 내용을 한 문장으로 정리해봅시다.

예) 하나님은 우리 인간과 언약을 맺으시고, 끝까지 돌보시길 원하시는 은혜의 하나님이심을 믿습니다.

언약의 하나님,

하나님의 크신 사랑으로 언약을 주셨음에도, 불순종함으로 언약을 깨뜨린 인간들을 버리지 않으시고, 하나님께서 다시 은혜로 구원의 길을 준비해 주셔서 정말 감사합니다.

성부, 성자, 성령 삼위 하나님께서 놀랍게 협력하셔서 수천 년 오랜 기간 동안, 목숨까지 내어주시며 인간과 맺으신 언약을 성취하심에 감동합니다.

지금도 하나님의 언약을 기억하시고, 우리 속에서 탄식하시며 하나님의 형상을 이루어 가시는 성령님의 사랑의 수고를 깨닫게 하옵소서.

이 은혜를 힘입어 하나님의 가르침에 순종하며 하나님의 언약을 신실히 따르므로 하나님을 기쁘시게 하는 자녀 되게 하옵소서. 예수님의 이름으로 기도합니다. 아멘.

3 과 ✡ 교 수 학 습 포 인 트

3과에서는 성경의 핵심 언어인 하나님의 언약에 대하여 배웠습니다. 창조주 하나님께서 인간이 불순종으로 깨뜨린 관계를 회복하시기 위하여 어떠한 언약적 과제를 수행하시는지 살펴보았습니다. 삼위 하나님은 이 언약을 이루시기 위해 창세부터 마지막 날까지 함께 일하십니다. 예수님의 구원 사역은 이 깨어진 언약 관계를 회복하고, 믿음으로 응답하는 자들을 다시금 하나님과 화목하게 하신 새 언약의 사역입니다. 교회에서의 말씀과 성례는 모두 이 언약을 기억하고 보증합니다.

4과 | 나는 삼위 하나님의 구원 역사를 믿습니다.

 **3과 복습**

1. 성경에서 하나님과 인간관계에서 맺어진 약속을 무엇이라 하나요?(언약)
2. 언약의 핵심은 약속이 아니라 (관계)입니다.
3. 하나님의 언약에 대한 인간의 긍정적 반응은 (믿음)으로 나타납니다.
4. 구원자 예수님이 오셔서 행위 언약을 깨뜨린 우리를 위해 (은혜) 언약을 주셨습니다.
5. 우리는 교회에서 (말씀)과 (성례)로 언약의 은혜에 참여합니다.

 **나는 삼위 하나님의 구원 역사를 믿습니다.**

1. 삼위 하나님이 이루신 구원을 하이델베르크 요리문답 1문은 다음과 같이 요약합니다.

하이델베르크 요리문답 1문

1문: 살아서나 죽어서나 당신의 유일한 위로는 무엇입니까?
답: 살아서나 죽어서나 나는 나의 것이 아니요, 몸도 영혼도 나의 신실한 구주 예수 그리스도의 것입니다.
그리스도께서는 그의 보혈로 나의 모든 죗값을 완전히 치르고 나를 마귀의 모든 권세에서 해방하셨습니다.
또한 하늘에 계신 나의 아버지의 뜻이 아니면 머리털 하나도 땅에 떨어지지 않도록 나를 보호하시며, 참으로 모든 것이 합력하여 나의 구원을 이루도록 하십니다.
그러하므로 그의 성령으로 그분은 나에게 영생을 확신시켜 주시고, 이제부터는 마음을 다하여 즐거이, 그리고 신속히 그를 위해 살도록 하십니다.

 우리의 구원에 있어서 삼위 하나님이 하시는 일들을 정리해봅시다.

1. 그리스도께서는: 그의 보혈로 나의 모든 죗값을 완전히 치르시고 나를 마귀의 모든 권세에서 해방하셨습니다.

2. 하늘에 계신 성부 하나님께서는: 머리털 하나도 땅에 떨어지지 않도록 나를 보호하시며, 참으로 모든 것이 합력하여 나의 구원을 이루도록 하십니다.

3. 성령 하나님께서는 : 나에게 영생을 확신시켜 주시고, 이제부터는 마음을 다하여 즐거이, 그리고 신속히 그를 위해 살도록 하십니다.

2. 이 과에서는 하나님께서 자기 백성을 구원하시는 생생한 과정을 보여주는 출애굽기 본문을 통해 삼위 하나님께서 이루신 구원의 의미를 묵상하고자 합니다. 구약의 사건들이 계속적으로 신약의 복음에 연결되므로 언약과 구원의 관점에서 성경 본문들을 잘 읽어봅시다.

< 나는 성경의 이야기 흐름을 잘 이해하고 있나요? >

지금까지 교회 교육과 개인적 성경 읽기를 통해 알고 있는 창세기의 아담과 하와부터 등장하는 믿음의 족장들의 이야기를 정리해봅시다. 출애굽기 이전까지 어떤 사건들이 있었나요? 아는 대로 적어봅시다

창조주 하나님- 아담과 하와 - 노아 언약 -바벨탑- 아브라함 언약 -야곱 -요셉

(학생들이 알고 있는 성경적 사실, 사건들을 이야기하게 해주세요. 그리고 그 이야기들을 언약을 고리로 연결해주세요)

하나님이 인간을 선하게 창조하셨고, 하나님이 창조하신 세계는 아름다웠습니다. 그러나 하나님 형상으로 지음받은 아담과 하와는 완전한 순종을 조건으로 맺은 행위 언약을 불순종함으로 죄의 형벌인 죽음에 이르게 되었습니다. 그러나 창조주 하나님께서는 여인의 후손을 그들에게 약속해주시고, 그를 통해 구원해 주실 것을 말씀하시고, 가죽옷을 입혀 에덴 동산 밖으로 보내십니다.

아담과 하와는 자식을 낳으며 구원자를 기다립니다. 그러나 그의 아들 가인과 아벨은 하나님 앞에 제사를 드릴 때 하나님께서 아벨의 제사는 받으시고, 가인의 제사를 받지 않으시자, 가인은 동생 아벨을 질투하여 돌로 쳐서 죽이는 범죄를 합니다. 결국 의로운 아벨은 죽고, 가인은 언약에서 멀어지고, 하나님께서 다시 셋을 태어나게 하시고, 하나님의 구원의 자손을 기다리게 하십니다.

셋의 자손 중 노아는 하나님 보시기에 의인이었고, 당대의 모든 사람들은 심히 악하여 하나님은 세상을 멸하실 수밖에 없었습니다. 의로운 노아를 택하셔서 세상을 쓸어버릴 계획을 일러주셨고, 노아와 그의 가족을 구하시겠다고 약속하십니다. 노아는 주변 사람들에게 하나님의 홍수 심판을 알려주었으나 아무도 믿지 않고, 그가 방주를 짓는 것을 비웃었습니다. 마침내 하나님

명령하신 대로 방주를 완성했고, 가족들과 동물 암수 한 쌍씩을 그 방주에 들여보냈습니다. 그러자 하나님께서는 홍수를 내리기 시작하셨고, 방주에 들어가지 못한 모든 사람들과 땅의 생명체들은 모두 물에 씻겨가게 됩니다. 마침내 홍수가 그쳐 노아의 가족이 마른 땅에 나오게 되자 하나님께서는 하늘에 무지개를 뜨게 하셔서 다시는 물로 심판하지 않으시겠다는 약속을 주십니다. (창세기 9장)

그 이후 세상에 다시 인간의 교만으로 온 세계에 자신들의 이름을 내고, 홍수 때와 같이 자연재해로 흩어짐을 면하려고 하늘까지 닿는 바벨탑을 쌓기 시작합니다. 그때까지만 해도 언어가 하나라서 서로 다 알아들을 수 있었습니다. 하나님 없는 인간의 도시를 건설코자 하는 어리석은 인간을 보시고, 하나님께서는 그들의 언어를 혼잡하게 하십니다. 그랬더니 결국 그들은 함께 일할 수 없게 되고 언어가 통하는 사람끼리 온 지면에 흩어지게 됩니다. (창 11장)

노아의 아들 중 셈의 자손 중에 데라는 갈대아인의 우르를 떠나 가나안 땅으로 가다가 죽고, 그의 아들 아브라함이 하나님의 부르심을 듣고 가나안 땅으로 갑니다. 아브라함은 하나님과 언약을 맺고(자손과 땅), 하나님이 그 언약을 지키실 것을 약속하십니다. 이 약속은 야곱과 요셉에게 이어집니다.

< 구원을 위한 준비 >

하나님과 언약을 맺은 아브라함과 그의 자손들은 어떻게 되었을까요?

약속의 땅 가나안에 정착한 아브라함의 자손들 중 요셉이 하나님의 구원계획 속에 애굽으로 팔려가게 됩니다. **요셉**은 하나님의 섭리 속에 애굽의 국무총리가 되어 하나님의 큰 구원으로 생명을 구하는 일에 귀하게 쓰임 받습니다(창 45:5). 그리고 흉년 때 가나안 땅에 있던 자기의 온 가족(70인)을 애굽으로 초청해 잘 살게 합니다. 이렇게 애굽 땅에 들어와 살기 시작한 이스라엘 자손들의 수는 점점 늘어나고, 매우 강하여져서 온 땅에 가득하게 됩니다(출 1:7).

그런데 요셉을 알지 못하는 새 왕이 일어나 애굽을 다스릴 때 자기들 보다 더 많아지고 강한 이스라엘 자손들을 두려워하여 학대하기 시작하고,

학대 받을수록 더욱 번성하는 이스라엘 자손으로 인해 근심합니다. 애굽 왕은 그들을 점점 더 괴롭히다 못해 모든 태어나는 사내아이들을 죽이도록 명령하기에 이릅니다.

사실 창세기에서 하나님께서 아브람과 언약을 맺으실 때 이미 이 일을 다 예언하셨습니다(창 15:13-14). 애굽에서 400년 동안 아브라함 자손들이 종살이하며 괴롭힘을 당하게 되나 하나님께서 그 나라를 징벌하시고, 아브라함의 자손들이 큰 재물을 이끌고 나올 것을 약속하셨습니다.

출애굽기 1:22 - 2:10　모세가 태어나다

1:22　그러므로 바로가 그의 모든 백성에게 명령하여 이르되 아들이 태어나거든 너희는 그를 나일강에 던지고 딸이거든 살려두라 하였더라.
2:1　레위 가족 중 한 사람이 가서 레위 여자에게 장가 들어
2　그 여자가 임신하여 아들을 낳으니 그가 잘 생긴 것을 보고 석 달 동안 그를 숨겼으나
3　더 숨길 수 없게 되매 그를 위하여 갈대 상자를 가져다가 역청과 나무진을 칠하고 아기를 거기 담아 나일 강가 갈대 사이에 두고
4　그의 누이가 어떻게 되는지를 알려고 멀리 섰더니
5　바로의 딸이 목욕하러 나일 강으로 내려오고 시녀들은 나일 강가를 거닐 때에 그가 갈대 사이의 상자를 보고 시녀를 보내어 가져다가
6　열고 그 아기를 보니 아기가 우는지라 그가 그를 불쌍히 여겨 이르되 이는 히브리 사람의 아기로다
7　그의 누이가 바로의 딸에게 이르되 내가 가서 당신을 위하여 히브리 여인 중에서 유모를 불러다가 이 아기에게 젖을 먹이게 하리이까
8　바로의 딸이 그에게 이르되 가라 하매 그 소녀가 가서 그 아기의 어머니를 불러오니
9　바로의 딸이 그에게 이르되 이 아기를 데려다가 나를 위하여 젖을 먹이라 내가 그 삯을 주리라 여인이 아기를 데려다가 젖을 먹이더니
10　그 아기가 자라매 바로의 딸에게로 데려가니 그가 그의 아들이 되니라 그가 그의 이름을 모세라 하여 이르되 이는 내가 그를 물에서 건져내었음이라 하였더라

Q 애굽 왕 바로가 모든 백성에게 내린 명령의 내용은 무엇이었나요?

(아들이 태어나거든 너희는 그를 나일 강에 던지고 딸이거든 살려두라)

Q 모세의 부모님은 어떤 분이신가요?(히브리서 11:23)

(바로 왕의 명령을 무서워하지 않고 하나님이 주신 아름다운 아이를 석 달이나 숨긴 믿음의 사람들)

Q 모세는 누구를 통해 건짐받게 되나요?

(바로의 딸)

Q 모세의 이름의 뜻은?

(물에서 건짐 받은 자)

이런 위기의 순간에 하나님께서 구원을 위해 한 인물, 모세를 준비하십니다.

< 언약을 잊지 않으시는 하나님 >

> **출애굽기 2장**
>
> 23 여러 해 후에 애굽 왕은 죽었고 이스라엘 자손은 고된 노동으로 말미암아 탄식하며 부르짖으니 그 고된 노동으로 말미암아 부르짖는 소리가 하나님께 상달된지라
> 24 하나님이 그들의 고통 소리를 들으시고 하나님이 아브라함과 이삭과 야곱에게 세운 그의 언약을 기억하사
> 25 하나님이 이스라엘 자손을 돌보셨고 하나님이 그들을 기억하셨더라

Q 이스라엘 자손의 부르짖음에 하나님은 어떻게 반응하시나요?

(하나님이 그들의 고통 소리를 들으시고 아브라함과 이삭과 야곱에게 세운 그의 언약을 기억하시고, 이스라엘 자손을 돌보심)

Q 하나님은 왜 이스라엘 자손을 돌보시나요?

(그들의 조상들과 언약을 맺으셨기 때문에)

언약의 하나님은 자기 백성들을 보호할 의무가 있으시고, 자기 백성들과 함께 하시는 분입니다. 그들의 신음하는 소리를 다 듣고 구원을 시작하십니다.

< 모세를 애굽 왕 바로에게 보내시다 >

출애굽기 5장 모세와 아론이 바로 앞에 서다

1 그 후에 **모세와 아론이** 바로에게 가서 이르되 이스라엘의 하나님 여호와께서 이렇게 말씀하시기를 내 백성을 보내라 그러면 그들이 광야에서 내 앞에 절기를 지킬 것이니라 하셨나이다
2 바로가 이르되 여호와가 누구이기에 내가 그의 목소리를 듣고 이스라엘을 보내겠느냐 나는 여호와를 알지 못하니 이스라엘을 보내지 아니하리라
3 그들이 이르되 **히브리인의 하나님**이 우리에게 나타나셨은즉 우리가 광야로 사흘 길쯤 가서 우리 하나님 여호와께 제사를 드리려 하오니 가도록 허락하소서 여호와께서 전염병이나 칼로 우리를 치실까 두려워하나이다
4 애굽 왕이 그들에게 이르되 모세와 아론아 너희가 어찌하여 백성의 노역을 쉬게 하려느냐 가서 너희의 노역이나 하라

Q 모세와 아론은 바로 앞에 나가서 무엇을 요구하나요?

(이스라엘 백성들을 내보내주시오. 그들이 광야에서 하나님 앞에 절기를 지켜야 하오)

Q 바로는 왜 모세의 요구를 들어주지 않았나요?

(여호와가 누구이기에 내가 그의 목소리를 듣고 이스라엘을 보내겠느냐 나는 여호와를 알지 못하니 이스라엘을 보내지 아니하리라)

Q 하나님의 이름 "여호와"의 뜻은 무엇인가요?(출 3:13-14)

(스스로 있는 자)

출애굽기 6장 1-9절

1. 여호와께서 모세에게 이르시되 이제 내가 바로에게 하는 일을 네가 보리라 강한 손으로 말미암아 바로가 그들을 보내리라 강한 손으로 말미암아 바로가 그들을 그의 땅에서 쫓아내리라
2. 하나님이 모세에게 말씀하여 이르시되 **나는 여호와이니라**
3. 내가 아브라함과 이삭과 야곱에게 **전능의 하나님**으로 나타났으나 나의 이름을 **여호와**로는 그들에게 알리지 아니하였고
4. **가나안 땅 곧 그들이 거류하는 땅을 그들에게 주기로 그들과 언약하였더니**
5. 이제 애굽 사람이 종으로 삼은 이스라엘 자손의 신음 소리를 내가 듣고 나의 언약을 기억하노라
6. 그러므로 이스라엘 자손에게 말하기를 나는 여호와라 내가 애굽 사람의 무거운 짐 밑에서 너희를 빼내며 그들의 노역에서 너희를 건지며 편 팔과 여러 큰 심판들로써 너희를 속량하여
7. **너희를 내 백성으로 삼고 나는 너희의 하나님이 되리니** 나는 애굽 사람의 무거운 짐 밑에서 너희를 빼낸 너희의 하나님 여호와인 줄 너희가 알지라
8. 내가 아브라함과 이삭과 야곱에게 주기로 맹세한 땅으로 너희를 인도하고 그 땅을 너희에게 주어 기업을 삼게 하리라 나는 여호와라 하셨다 하라
9. 모세가 이와 같이 이스라엘 자손에게 전하나 그들이 마음의 상함과 가혹한 노역으로 말미암아 모세의 말을 듣지 아니하였더라

Q 이 본문에서 언약을 기억하신 하나님의 이름은 무엇인가요?

(여호와)

Q 하나님이 기억하신 언약의 내용은 무엇일까요?

(가나안 땅 곧 그들이 거류하는 땅을 그들에게 주기로 그들과 언약)

Q 그런데 이스라엘 자손들은 하나님께서 모세에게 전하라고 하신 말씀을 왜 듣지 않았을까요?

(그들이 마음의 상함과 가혹한 노역으로 말미암아 모세의 말을 듣지 아니하였더라)

< 여호와 하나님을 만민 중에 드러내시다! >

하나님께서는 완악한 바로 앞에 표징과 이적을 많이 행하셨으나 순종하지 않자 애굽 왕 바로의 마음을 완악하게 하셨습니다. 그는 아홉 번째 재앙 이후에도 끝끝내 이스라엘 백성들을 보내려 하지 않았습니다. 하나님의 손이 애굽 위에 여러 심판을 내리고 마침내 이스라엘 자손을 그 땅에서 인도하여 낼 때에야 애굽 사람이 여호와를 알게 될 것입니다(출 7:3-5).

성경에서 열 가지 재앙이 무엇이었는지 찾아봅시다.

① (나일강 물)이 피가 되게 함(출 7:14-25)
② (개구리)로 온 땅을 덮게 함(출 8:1-15)
③ 애굽 온 땅의 티끌이 (이)가 되게 함(출 8:16-19)
④ (파리)떼를 일으켜 사람들과 짐승들을 쏘게 함(출 8:20-24)
⑤ 모든 가축이 (돌림병)이 생겨 죽게 함(출 9:1-7)
⑥ 재를 뿌려 (악성종기)가 생기게 함(출 9:8-12)
⑦ 하늘에서 (우박)이 내리게 함(출 9:18-21)
⑧ (메뚜기)로 푸른 곡식을 먹게 함(출 10:4-19)
⑨ 캄캄한 (흑암)이 3일간 온 애굽을 덮게 함(출 10:21-29)
⑩ (모든 처음 난 것들)을 죽이는 재앙(출 12:29-33)

 하나님은 애굽 사람들과, 이스라엘 자손들을 다르게 대하십니다. 성경 말씀을 찾아 적어보세요.

애굽 사람들에게(출 12:12)	이스라엘 자손들에게(출 12:13)
내가 그 밤에 애굽 땅에 두루 다니며 사람이나 짐승을 막론하고 애굽 땅에 있는 모든 처음 난 것을 다 치고 애굽의 모든 신을 내가 심판하리라	내가 애굽 땅을 칠 때에 그 피가 너희가 사는 집에 있어서 너희를 위하여 표적이 될지라 내가 피를 볼 때에 너희를 넘어가리니 재앙이 너희에게 내려 멸하지 아니하리라

열 가지 재앙을 통해 하나님이 하신 일은 무엇인가요? 출 9:14, 16, 출 12:12을 찾아보세요.

(온 천하에 하나님과 같은 자가 없음을 알게 하심. 하나님의 능력을 보이고, 하나님의 이름이 온 천하에 전파되게 하기 위함)

< 자기 백성들을 구원하시는 하나님 - 유월절 >

첫 유월절 (출애굽기 12장)

21 모세가 이스라엘 모든 장로를 불러서 그들에게 이르되 너희는 나가서 너희의 가족대로 어린 양을 택하여 유월절 양으로 잡고
22 우슬초 묶음을 가져다가 그릇에 담은 피에 적셔서 그 피를 문 인방과 좌우 설주에 뿌리고 아침까지 한 사람도 자기 집 문 밖에 나가지 말라
23 여호와께서 애굽 사람들에게 재앙을 내리려고 지나가실 때에 문 인방과 좌우 문설주의 피를 보시면 여호와께서 그 문을 넘으시고 멸하는 자에게 너희 집에 들어가서 너희를 치지 못하게 하실 것임이니라
24 너희는 이 일을 규례로 삼아 너희와 너희 자손이 영원히 지킬 것이니
25 너희는 여호와께서 허락하신 대로 너희에게 주시는 땅에 이를 때에 이 예식을 지킬 것이라
26 이후에 너희의 자녀가 묻기를 이 예식이 무슨 뜻이냐 하거든
27 너희는 이르기를 이는 여호와의 유월절 제사라 여호와께서 애굽 사람에게 재앙을 내리실 때에 애굽에 있는 이스라엘 자손의 집을 넘으사 우리의 집을 구원하셨느니라 하라 하매 백성이 머리 숙여 경배하니라
28 이스라엘 자손이 물러가서 그대로 행하되 여호와께서 모세와 아론에게 명령하신 대로 행하니라

열째 재앙 : 처음 난 것들의 죽음

29 밤중에 여호와께서 애굽 땅에서 모든 처음 난 것 곧 왕위에 앉은 바로의 장자로부터 옥에 갇힌 사람의 장자까지와 가축의 처음 난 것을 다 치시매
30 그 밤에 바로와 그 모든 신하와 모든 애굽 사람이 일어나고 애굽에 큰 부르짖음이 있었으니 이는 그 나라에 죽임을 당하지 아니한 집이 하나도 없었음이었더라
31 밤에 바로가 모세와 아론을 불러서 이르되 너희와 이스라엘 자손은 일어나 내 백성 가운데에서 떠나 너희의 말대로 가서 여호와를 섬기며
32 너희가 말한 대로 너희 양과 너희 소도 몰아가고 나를 위하여 축복하라 하며
33 애굽 사람들은 말하기를 우리가 다 죽은 자가 되도다 하고 그 백성을 재촉하여 그 땅에서 속히 내보내려 하므로
34 그 백성이 발교되지 못한 반죽 담은 그릇을 옷에 싸서 어깨에 메니라
35 이스라엘 자손이 모세의 말대로 하여 애굽 사람에게 은금 패물과 의복을 구하매
36 여호와께서 애굽 사람들에게 이스라엘 백성에게 은혜를 입히게 하사 그들이 구하는 대로 주게 하시므로 그들이 애굽 사람의 물품을 취하였더라

Q 이스라엘 사람들의 장자는 죽임을 당하지 않았는데 그 이유는 무엇이었나요?

(이스라엘 집들은 하나님이 말씀하신 대로 어린 양을 잡아 그 피를 문에 발랐기에 재앙이 내릴 때 그 피를 보고 재앙이 넘어감. 하나님께서 언약의 백성들을 재앙으로부터 구원하심)

Q 이것이 첫 번째 유월절이 됩니다. 여호와께서 해마다 이 예식을 지키라고 명하셨는데, 이 유월절 예식의 의미를 설명해보세요.

(여호와께서 애굽 사람에게 장자의 죽음의 재앙을 내리실 때에 애굽에 있는 어린 양의 피를 바른 이스라엘 자손의 집을 넘으사 이스라엘의 집을 구원하셨으므로 이 일을 규례로 삼아 여호와께서 허락하신 땅에 이른 후 유월절 제사를 자손 대대로 영원히 지키라 하심)

유월절 어린 양은 십자가에서 피흘려 죽어 주심으로 우리를 죽음에서 생명으로 옮겨주실 예수님의 예표입니다. 이 예수님을 믿는 자는 영생을 얻는 것입니다. 예수님의 보혈의 피 없이는 모두 다 심판을 피할 수 없습니다.

< 하나님이 약속하신 축복의 땅으로 Go Go! >

애굽 왕과 애굽 사람들은 열 가지 재앙을 통해 여호와가 왕 중의 왕이신 하나님임을 깨닫고 두려워하고, 동시에 이스라엘 백성들도 자신들을 구원하신 하나님이 이집트 제국의 왕이나 신들보다 능력있는 신들의 신이신 것을 깨닫게 됩니다. 유월절 어린 양의 피를 통해 구원해주시고, 가나안 땅을 향해 가는 여정에서 하나님의 백성은 홍해를 마른 땅처럼 건너고 요단강을 또한 마른 땅처럼 건너며 마침내 하나님이 약속하신 가나안 땅에 이르게 될 것입니다. 언약의 하나님께서 얼마나 신실히 자기 백성을 지키시는지 체험하게 됩니다.

그러나 광야를 지나 약속의 땅으로 가는 여정은 이스라엘 자손들이 400년간 애굽 땅에서 종살이하며 놓쳐버린 하나님 신앙을 새롭게 배우는 훈련의 장이었습니다. 하나님께서 이스라엘 백성을 애굽에서 구원하신 목적은 그들을 하나님만 예배하는 거룩한 백성 삼으시고자 하심입니다.

(이미지 출처: 네이버 블로그)

 오늘 배운 믿음의 내용을 한 문장으로 정리해봅시다.

_____

_____

예) 우리와 언약을 맺으신 삼위 하나님께서 우리의 구원을 위하여도 함께 일하시는 분임을 구약의 출애굽 구원 역사를 통해 깨닫습니다.

자기 백성을 구원하시는 사랑의 하나님,

저희들이 하나님을 오랫동안 잊고 풍요와 자기 성취에 빠져 살던 애굽의 이스라엘 사람들처럼, 세상이 주는 행복에 젖어 살아왔습니다. 그러나 재앙을 만나 오직 하나님만 의지하고 구원받았던 것처럼, 우리도 고통과 어려움을 만날 때 오히려 하나님께 부르짖고 기도할 수 있는 기회 삼게 하옵소서.

우리가 기도할 때 하나님께서는 우리와 맺은 언약을 기억하시고, 신실하게 우리를 찾아와 구원해주시는 분임을 배웠습니다.

하나님의 구원에 감사드리고, 다시는 하나님의 은혜를 잊지 않고, 예수님의 보혈의 은혜에 감사하며 살게 도와주세요.

예수님의 이름으로 기도합니다. 아멘.

4 과 ✡ 교수학습 포인트

1. 4과에서는 하나님의 구원 역사를 교회에서 배워온 창세기의 인물들의 이야기를 나눔으로 시작했습니다. 그리고 이스라엘의 구원의 이야기를 생생하게 소개하는 출애굽 사건을 성경을 찾아가며 공부했습니다.

2. 입교를 받을 학생들이라면 창세기와 출애굽기의 큰 맥락은 알고 있을 것이고, 자신들의 지식이 하나씩 구슬로 꿰어져 하나의 멋진 목걸이로 만들어지는 기쁨을 맛볼 수 있을 것입니다.

3. 성경 본문의 내용이 너무 많으면 한 본문을 택하여 집중적으로 읽고 공부해도 좋습니다. 이번 기회에 성경의 내용을 내가 너무 모르고 있었다는 것을 깨닫는 것만으로도 이 과의 목표를 이룬 것입니다. 우리가 예수 그리스도의 보혈로 얻은 구원은 이미 창세부터 하나님의 사랑으로 준비되고, 계속적으로 하나님께서 언약을 맺으시고, 하나님의 백성들을 돌보고, 훈련시켜 오시며 역사 속에서 이루어주셨음을 깨닫게 합니다.

4. 학생과 교사는 하나님께서 언약 백성과 맺은 언약을 기억하시고, 언약 백성들을 구원하시는 구약의 역사를 통해 하나님께서 우리도 구원해 내실 분이심을 신뢰합니다.

5과 | 나는 인간이 타락한 죄인임을 깨닫습니다.

 4과 복습

1. (성부, 성자, 성령) 삼위 하나님은 구원을 위해 함께 일하십니다.
2. 물에서 건짐 받은 자로서 하나님의 구원을 위해 준비된 지도자의 이름은? (모세)
3. 하나님이 언약을 신실히 지키시고, 모세를 통해 자기 백성들을 구원하신 생생한 역사가 기록된 구약의 책이름은? (출애굽기)
4. 하나님은 열 재앙을 통하여 애굽의 신들을 벌하시고, (여호와) 하나님의 이름을 온 천하에 알리십니다. (참고: 시편 124편 8절)
5. 하나님은 자기 백성을 구원하셔서 하나님만 (예배)하는 백성 되게 하십니다.

 **나는 인간이 타락한 죄인임을 깨닫습니다.**

도입 활동: 신문지 공놀이 (10분)

1. 신문지를 접어 구겨서 공을 만든다. 최대한 잘 주물러 동그란 구가 되게 한다.

2. 둘씩 짝을 지어 서로 공을 주고 받는데, 이때 질문과 함께 공을 던지고 받으며 답한다.

　* 질문: 너가 가장 좋아하는 것은? 너가 가장 싫어하는 것은? 너가 싫어하는데 꼭 해야하는 것은? 너도 모르게 나오는 욕은? 너를 가장 화나게 하는 것은? 이번 기간에 꼭 고치고 싶은 버릇은? 너의 마음을 가장 기쁘게 만드는 것은?

3. 다 묻고 답한 후 구겨서 만들었던 공을 다시 펴서 원상태로 펼친다. 최대한 바르게 펴놓는다.

4. 구김이 없어지지 않는 것을 보며 어떻게 하면 이 구김을 말끔하게 원래대로 돌려놓을 수 있을지 이야기 나눠본다. (깨끗한 종이가 구겨지고, 혹은 찢어진 것을 다시 원래의 종이로 돌릴 수는 없다. 다림질을 통해 조금 펼 수는 있겠지만 자국은 남을 것이다. 우리의 죄로 인해 우리는 고장난 상태이다. 인간의 죄로 온 세상이 오염되고, 죄의 결과로 자연도, 생태계도, 인간의 관계성들도 죄의 영향력 아래에 있다.)

> **하이델베르크 요리문답 2문**
>
> 2문: 이러한 위로 가운데 복된 인생으로 살고 죽기 위해서 당신은 무엇을 알아야 합니까?
> 　답: 다음의 세 부분을 알아야 합니다.
> 첫째, 나의 죄와 비참함이 얼마나 큰가.
> 둘째, 나의 모든 죄와 비참함으로부터 어떻게 구원을 받는가.
> 셋째, 그러한 구원을 주신 하나님께 어떻게 감사를 드려야 하는가를 알아야 합니다.

지난 과에서 삼위 하나님께서 약속하시고, 구원하시는 생생한 역사를 살펴보았습니다. 약속을 쉽게 저버린 인간과 다시 은혜 언약을 맺으시고 자신의 생명을 걸고 자기 백성을 구원하시는 사랑의 하나님을 배웠습니다.

오늘은 그 구원의 선물을 받은 우리가 어떠한 상태였는지, 신약 성경 말씀을 통해서 살펴보고, 하나님께서 중보자 예수님을 보내신 이유를 생각해봅니다.

 성경 읽기: 인간이 악하다면 얼만큼? (타락한 인간의 마음)

마가복음 12장 1-12절 악한 포도원 농부의 비유

1   예수께서 비유로 그들에게 말씀하시되 **한 사람이** 포도원을 만들어 산울 타리로 두르고 즙 짜는 틀을 만들고 망대를 지어서 **농부들에게** 세로 주고 타국에 갔더니
2   때가 이르매 농부들에게 포도원 소출 얼마를 받으려고 **한 종을 보내니**
3   그들이 종을 잡아 심히 때리고 거저 보내었거늘
4   **다시 다른 종을 보내니** 그의 머리에 상처를 내고 능욕하였거늘
5   **또 다른 종을 보내니** 그들이 그를 죽이고 또 그 외 많은 종들도 더러는 때리고 더러는 죽인지라
6   이제 한 사람이 남았으니 곧 그가 사랑하는 아들이라 최후로 이를 보내며 이르되 내 아들은 존대하리라 하였더니
7   그 농부들이 서로 말하되 이는 상속자니 자 죽이자 그러면 그 유산이 우리 것이 되리라 하고
8   이에 잡아 죽여 포도원 밖에 내던졌느니라
9   포도원 주인이 어떻게 하겠느냐 와서 **그 농부들을 진멸하고 포도원을 다른 사람들에게 주리라**
10 너희가 성경에 **건축자들이 버린 돌이 모퉁이의 머릿돌이** 되었나니
11 이것은 주로 말미암아 된 것이요 우리 눈에 놀랍도다 함을 읽어 보지도 못하였느냐 하시니라
12 그들이 예수의 이 비유가 자기들을 가리켜 말씀하심인 줄 알고 잡고자 하되 무리를 두려워하여 예수를 두고 가니라

위 성경의 예수님의 비유에서 포도원 주인의 행동과 포도원 농부의 반응을 비교하여 표에 적어보세요.

	포도원 주인의 행동	포도원 농부들의 반응
1	포도원을 준비하여 농부들에게 세로 주고 타국으로 떠남	주인이 멀리 떠나자 농부들은 마치 자신들이 주인인양 자유를 누림
2	농부들에게 포도원 소출을 얼마 받으려고 한 종을 보냄	농부들은 주인이 보낸 종을 잡아 심히 때리고 주인의 밭에서 거두어 들인 소출을 보내지 않음
3	다시 다른 종을 보냄	두 번째 보낸 종의 머리에 상처를 내고 업신여겨 욕보여(능욕하여) 보냄
4	또 다른 종을 보냄	농부들은 그종을 죽임
5	그 외 많은 종들을 보냄	그 외 많은 종들도 더러는 때리고 더러는 죽임
6	최후로 그가 사랑하는 아들을 보냄 - 내 아들은 존대하리라 생각함	그 농부들이 서로 말하되 이는 상속자니 자 죽이자 그러면 그 유산이 우리 것이 되리라 하고 주인의 아들을 잡아 죽여 포도원 밖에 내던짐
7	주인은 포도원에 돌아와서, 그 농부들을 진멸하고, 포도원을 다른 사람들에게 줌	포도원 주인에 의해 진멸당함

 위의 이야기는 예수님께서 누구를 향하여 들려주시는 말씀인가요? 그들이 누구일까요? (막 11:27참고)

예수님은 성경에 건축자들의 버린 돌이 모퉁이의 머릿돌 되었다는 놀라운 말씀 인용	그들은 자신들을 가리키는 이 악한 농부의 비유를 듣고 화가 나서 예수님을 떠남

그들은 (대제사장들, 서기관들, 장로들)**입니다.** 예수님께서는 하나님께서 이스라엘의 지도자들이었던 그들에게 이스라엘을 율법으로 잘 인도하라고 맡기셨으나 그들은 이스라엘 백성들이 하나님의 자녀들인 것을 잊어버리고, 마치 자신의 소유인양, 어리석은 방향으로 인도했습니다.

하나님께서 여러 차례 하나님의 선지자들을 통하여 그들의 죄를 깨닫게 하셨으나 매번 때리고, 죽이기까지 한 것이 이스라엘의 역사입니다. 마침내 포도원 주인, 즉 하나님께서는 자신의 아들을 이 땅에 보내시기로 결정하십니다. 그 예수님이 오셨는데도 이 지도자들은 예수님을 미워하고, 예수님을 죽일 건수를 찾고 있습니다. 예수님은 그들의 마음을 아시고, 지금 이 악한 포도원 농부들의 비유를 들려주고 계신 것입니다.

그들은 예수님께서 자신들을 가리켜 말씀하시는 것은 알았습니다. **그러나 그들의 반응은 회개가 아니라, 분노였고, 예수님을 떠나갔습니다.**

결국 그들은 포도원 비유에서 나온 대로 하나님의 아들 예수님을 십자가에 못 박아 죽이게 됩니다.

Q 나는 하나님의 말씀을 들을 때 내게 들려주시는 말씀을 깨닫고 있나요?

진실 Talk : 우리의 마음에 물어봅시다.

Q 나에게 잘못을 알려주는 그 누군가가 있나요?

(예: 어머니, 선생님, 친구 등등)

Q 나는 나의 죄를 깨닫고 있나요?

(예: 죄라는 것은 알지만 반복적으로 죄짓게 됨)

Q 누군가가 나의 잘못을 말해줄 때, 또는 나를 야단 칠 때 잘못했다고 말하고, 곧바로 나의 잘못된 행동, 마음을 고치나요?

(예: 그 자리에서는 자존심 상하고, 변명하기 일쑤다...)

아니면, 나의 잘못을 드러내어 말해준 사람에게 화가 나거나 미워지나요?

(예: 왜 나만 나무라는 것이냐 하고 따져 묻거나, 화를 내기도 한다. 자주 말하는 사람은 잔소리 같아 피한다...)

Q 오히려 더 심하게 그런 행동이나 말을 반복하여 반항하나요?

(예: 나도 모르게 화가 나서 반항하게 될 때도 있다...)

하이델베르크 요리문답 3문, 5문, 7문, 8문

3문: 당신의 죄와 비참함을 어디에서 압니까?
 답: 하나님의 율법에서 나의 죄와 비참함을 압니다.
5문: 당신은 그 모든 계명을 완전히 지킬 수 있습니까?
 답: 아닙니다. 나는 하나님과 내 이웃을 미워하는 본성을 가지고 있습니다.
7문: 그렇다면 이렇게 타락한 사람의 본성은 어디에서 왔습니까?
 답: 우리의 시조 아담과 하와가 낙원(에덴 동산)에서 타락하고 불순종한 데서 왔습니다. 그때 사람의 본성이 심히 부패하여 우리는 모두 죄악 중에 잉태되고 출생합니다.
8문: 그렇다면 우리는 그토록 부패하여 선은 조금도 행할 수 없으며 온갖 악만 행하는 성향을 지니고 있습니까?
 답: 그렇습니다. 우리가 하나님의 성령으로 거듭나지 않는 한 참으로 그렇습니다.

5과 | 나는 인간이 타락한 죄인임을 깨닫습니다.

우리는 오늘 우리 본성의 악함을 들여다보았습니다. 자세히 우리의 내면을 들여다보니 마치 악한 포도원 농부 같습니다. 그런데 하나님께선 아직까지도 우리를 참으시고 계속해서 우리에게 하나님의 종을 보내셔서 하나님의 주인 되심을 알려주시는 하나님의 음성을 듣기 원합니다.

아무리 하나님의 종을 보내도, 마침내 하나님의 아들을 보내도 우리 스스로는 죄를 돌이킬 수 없습니다. 이것이 타락한 우리의 본성입니다. 하나님께서 예수 그리스도를 통해 우리를 새롭게 해주셔야 우리는 다시 살아날 수 있습니다. 성령님께서 우리를 거듭나게 하셔야 우리는 회개할 수 있습니다.

우리는 그저 중보자 예수님을 보내달라고 절규할 수밖에 없는 죄인들입니다.

그 예수님이 우리의 죄의 형벌을 대신 치러주셔서 우리가 죄의 권세에서 자유하게 되었습니다. 우리를 죄에서 해방시켜주실 예수님만을 바라봅니다.

오늘 나에게 주시는 교훈

Q **이 과를 통해 만난 하나님은 어떤 분이신가요?**

(인내하시며, 회개하기를 기다리시는 하나님)

Q **그 하나님을 만난 나는 어떤 상태인가요?**

(나는 그 농부들처럼 하나님을 주인의 자리에서 몰아내고 내 맘대로 살아가고자 하는 죄인)

오늘 배운 믿음의 내용을 한 문장으로 정리해봅시다.

하나님을 떠난 인간은 돌이킬 수 없는 죄인이고, 우리 속에 악이 가득합니다. 그럼에도 중보자 예수님을 보내주시고, 구원해 주셔서 감사합니다.

사랑의 하나님,
우리는 불순종으로 타락한 아담과 하와의 후손으로 모두 죄인입니다.
우리 스스로는 심히 악할 뿐입니다. 우리는 예수님이 필요합니다.
우리의 부패한 마음을 예수님의 보혈로 씻어주시고, 죄 용서의 은혜를
베풀어 주옵소서.
오셔서 다시 우리의 주인이 되어 주시고, 우리의 마음을 다스려주세요.
예수님의 이름으로 기도합니다. 아멘

5 과 ✡ 교 수 학 습 포 인 트

예수님의 비유 속에 나타난 악한 포도원 농부들이 바로 우리의 죄악된 모습임을 깨닫고 회개하는 시간과 그러한 죄인을 용서해주시기 위해 자기 아들을 보내신 하나님의 사랑에 감사하는 기도의 시간을 갖도록 합니다.

내 마음과 행동들 깊숙이 숨어있는 죄성들을 발견하고, 성령님께 날마다 씻겨주시길, 그리고 점점 더 거룩하게 해주시길 기도합니다.

타락한 죄인의 소망 없음을 인식하고, 중보자 예수님만이 우리를 구할 수 있음을 바라보도록 합니다.

6과 | 나는 예수님이 우리의 중보자로 오심을 믿습니다.

 5과 복습

1. 아담과 하와의 (타락, 불순종)으로 우리에게까지 죄의 영향력이 미칩니다.
2. 포도원 주인과 농부의 비유에서 농부들은 어떻게 행동했나요?
   (농부들은 자신들에게 세로 포도원을 맡기고 떠난 주인의 주 되심을 인정하지 않고, 주인이 소출을 받으러 보낸 종을 심히 때려서 보내고, 다시 보낸 종은 머리에 상처를 내고, 능욕하고, 또 다시 보내자 죽이고, 또 종들을 많이 보내자 때리고 죽이고, 마지막으로 주인이 그의 아들을 보내면 존중할 것으로 생각하여 보낸 아들마저도 죽이고, 그 포도원을 자기의 것으로 만들고자 계획하였다. 그들은 주인을 무시하고, 해를 끼치고, 마지막 상속자까지 죽이는 엄청난 죄악을 두려움 없이 행하였다.)
3. 그러한 농부들의 행동에 포도원 주인은 결국 어떻게 하였나요?
   (결국 주인이 직접 가서 그 악한 농부들을 진멸하고, 그 포도원을 다른 사람들에게 맡김)
4. 이 악한 농부들은 당시 예수님의 말씀을 듣고 있었던 대제사장, 서기관, 장로와 같은 이스라엘의 (지도자)들이었습니다. 그리고 오늘

날 말씀을 듣고 있는 바로 (나)입니다.

5. 건축자들이 버린 돌이 모퉁이 돌이 되었다고 하는 말씀에서 그 돌은 누구를 말하나요?

(예수님. 이스라엘의 지도자들이 시기하여 예수님을 죽였으나, 하나님께서 예수님을 다시 살리시고, 하늘 보좌에 앉히심. 교회의 머리가 되게 하심)

나는 예수님이 나의 중보자로 오심을 믿습니다.
(인격적 만남)

 요한복음 3장 16-17절을 기억하나요? 아래에 찾아 적어봅시다.

하나님이 세상을 이처럼 사랑하사 독생자를 주셨으니 이는 그를 믿는 자마다 멸망하지 않고 영생을 얻게 하려 하심이라.
하나님이 그 아들을 세상에 보내신 것은 세상을 심판하려 하심이 아니요 그로 말미암아 세상이 구원을 받게 하려 하심이라.

 STEP 1: 내가 예수님에 대해 알고 있는 것을 적어보세요. (인지적, 성경적 지식)

예수님은 하나님의 아들, 예수님은 나의 구주, 중보자, 십자가를 지시고 죽으셨고, 삼일 만에 부활하신 분. 예수님은 동정녀 마리아를 통해 이 땅에 오심. 3년 동안 하나님 나라를 전하심…… 등등

성경이 말씀하시는 예수님은 어떤 분인가요?

1. 죄가 하나님과 우리 사이를 어떻게 만들었나요? (시편 22:1, 51:3-5)

    (죄로 인해 하나님과의 관계가 끊어짐)

> **웨스트민스터 소요리문답 19문**
>
> 문: 사람이 그 타락한 처지에서 비참한 것은 무엇입니까?
> 답: 모든 인류는 타락함으로 말미암아 하나님과 교제가 끊어졌고,
>   하나님의 진노와 저주 아래 있으며,
>   그로 말미암아 이 세상에서 온갖 비참함을 겪다가
>   결국 죽음에 이르고 영원히 지옥의 고통에 떨어집니다.

2. 누가 하나님과 우리 사이에 다리를 놓아주셨나요?

    (요한복음 3:16 : 하나님께서 독생자를 보내주심
    요한복음 14:6 : 예수님께서 길, 진리, 생명이 되셔서 아버지 하나님께로 인도해주심)

3. 사람들이 무엇을 잘못했나요? (창세기 3장, 로마서 3:23)

    (뱀의 유혹에 빠져 하나님의 말씀에 불순종함. 모든 사람이 죄를 범함)

4. 하나님께서 우리에게 요구하시는 것은 무엇인가요?

    마태복음 22장 37-39 (마음을 다하고, 목숨을 다하고 뜻을 다하여 하나님을 사랑하는 것과 내 이웃을 내 자신과 같이 사랑하는 것)
    레위기 19:2 (하나님이 거룩하심처럼 거룩하라)

5. 우리는 그것을 할 수 있나요? NO

> **하이델베르크 요리문답 13문, 14문, 15문, 18문**
>
> 13문: 우리가 스스로 하나님의 의를 만족시킬 수 있습니까?
>   답: 결코 그렇지 않습니다.
>   오히려 우리는 날마다 우리의 죄책을 증가시킬 뿐입니다.
> 14문: 어떠한 피조물이라도 단지 피조물로서 우리를 대신하여 하나님의 의를 만족시킬 자가 있습니까?
>   답: 하나도 없습니다.
>   첫째, 하나님께서는 인간의 죄책 때문에 다른 피조물을 형벌하기를 원치 않으십니다.
>   둘째, 어떠한 피조물이라도 단지 피조물로서는 죄에 대한 하나님의 영원한 진노의 짐을 감당할 수도 없고, 다른 피조물을 거기에서 구원할 수도 없습니다.
> 15문: 그렇다면 우리는 어떠한 중보자와 구원자를 찾아야 합니까?
>   답: 참인간이고 의로운 분이시나 동시에 참하나님이고 모든 피조물보다 능력이 뛰어나신 분입니다.
> 18문: 그러나 누가 참하나님이시며 동시에 참인간이고 의로우신 그 중보자입니까?
>   답: 우리 주 예수 그리스도, 즉 하나님께로서 나와서 우리에게 지혜와 의로움과 거룩함과 구속함이 되신 분입니다.

* 성경은 예수님이 우리의 구주이심을 말합니다.

> **하이델베르크 요리문답 29문**
>
> 문: 왜 하나님의 아들을 예수, 곧 구주(救主)라 부릅니까?
> 답: 그가 우리를 우리 죄에서 구원하시기 때문이고,
>   또 그분 외에는 어디에서도 구원을 찾아서도 안 되며 발견할 수도 없기 때문입니다.

 STEP 2 중보자 예수님과 나의 관계 맺기 (친밀하게 묻기- 인격적 관계 형성)

(* 이 질문들은 진술한 답을 할 수 있도록 개별적으로 물으면 좋습니다. 일대일 멘토링으로 진행될 때 효과가 있습니다. 인격적으로 심층적으로 질문해 나가서 정말 예수님을 받아들이고, 주님으로 모시고 있는지 점검하는 시간입니다.)

 그런데 너는 하나님께서 너에게 구원의 선물을 주신 것이 마음으로 믿어지니?

1) 너는 예수님께서 너를 죄에서 구원하시기 위해 죽어주신 구주이심을 믿니?

2) 너는 하나님께서 너의 죄를 값없이 용서해주신 것을 마음으로 받아들이고 있니?

3) 혹시 너의 죄가 너무 커서 하나님께서 용서하지 않으실 거라고 생각하거나, 또는 너의 가치가 예수님이 돌아가시기까지 할 만큼 소중한 존재가 아닌 것처럼 느껴지니?

4) 너는 하나님께서 예수님을 온 세상의 주님으로 세우신 것을 믿니?

 STEP 3 : 나의 삶의 습관 돌아보기

그렇다면 너가 지금까지 살아온 방식을 생각해볼 때 어느 부분에서 예수님의 주인 되심을 인정하지 않고 있었니? 너가 주인이 되어 맘껏 살아왔던, 지금도 그렇게 너의 주인 됨을 놓지않고 있는 것들은 구체적으로, 솔직히 어떤 부분일까?

(예: 학교 공부에 있어서는 신앙과 분리해서 생각하게 되고, 늘 성적이 우선순위를 차지하게 됨. 친구들과 교제함에 있어서도 신앙을 떠나 어울리고, 즐김 등)

 오늘 배운 믿음의 내용을 한 문장으로 정리해봅시다.

예) 하나님은 죄인인 나도 사랑하사 이 땅에 하나님의 독생자를 보내주셨고, 예수님의 중보로 나를 구원해주셔서 참 감사합니다. 그 주님과 인격적으로 친밀한 관계맺길 바랍니다.

사랑의 하나님, 예수님을 중보자로 보내주셔서 죄인인 인간들이 거룩하신 하나님을 만날 수 있도록 도와주셔서 감사합니다.
예수님만이 우리의 구원의 길임을 잘 배워서 알고, 마음으로 믿어지고, 우리의 매일의 삶 속에서 예수님의 주인 되심을 인정하게 하옵소서. 예수님의 이름으로 기도합니다. 아멘

6 과 ✣ 교 수 학 습 포 인 트

6과에서는 우리가 지금까지 예수님에 대해 알고 있던 것, 믿는 것들을 나누며, 예수님만이 죄로 인해 소망 없는 우리의 중보자 되심을 머리로, 마음으로 배우는 시간입니다.

그리고 이 예수님을 인격적으로 만남을 통해 죄인인 우리를 심판의 자리에서 영원한 생명의 자리로 옮겨주신 예수님의 은혜에 감사하고, 지금까지 내맘대로 하던 것을 내려놓고 예수님만을 나의 삶의 주인으로 모시는 귀한 시간이 되길 바랍니다.

세례·입교 예비자 교육 매뉴얼

7과 | 나는 예수님의 십자가와 부활을 믿습니다.

 6과 복습

1. 하나님은 왜 예수님을 중보자로 보내셔야 했나요?
   (인류의 타락으로 하나님과 교제가 끊어지고, 죄의 형벌로 하나님의 진노와 저주 아래 놓여진 인간은 스스로 하나님의 의를 만족시킬 수 없습니다. 그러므로 인간의 죄의 형벌을 감당할 참인간이고 의로운 분이시나 동시에 참하나님이고 모든 피조물보다 능력이 뛰어나신 분이신 예수님만이 우리의 중보자와 구원자가 되실 수 있습니다. *하이델베르크 요리문답 14-15문답 참조)

 나는 예수님의 십자가와 부활을 믿습니다.

♥ 도입활동 : 두 팀으로 나누어
(1) 림보 게임(몸을 낮추기)

(2) 높은 곳에 있는 과자 따먹기 (높이기)

(* 일대일 멘토링으로 진행하는 경우나 위의 활동을 하기 어려운 경우에는 (1) 지금까지 살아오며 가장 낮아졌던 경험을 나누어 보세요. (2) 반대로 가장 높아졌던 경험을 나눠보세요.)

1. 아래의 본문을 읽으며 예수님이 진짜 사람으로 오셨다는 표현들을 세 가지 이상 찾아보세요.

완전한 사람으로 자라가시는 예수님 (성경본문: 누가복음 2:40-52)

> 40 아기가 자라며 강하여지고 지혜가 충만하며 하나님의 은혜가 그의 위에 있더라
> 41 그의 부모가 해마다 유월절이 되면 예루살렘으로 가더니
> 42 예수께서 열두 살 되었을 때에 그들이 이 절기의 관례를 따라 올라갔다가
> 43 그 날들을 마치고 돌아갈 때에 아이 예수는 예루살렘에 머무셨더라 그 부모는 이를 알지 못하고
> 44 동행 중에 있는 줄로 생각하고 하룻길을 간 후 친족과 아는 자 중에서 찾되
> 45 만나지 못하매 찾으면서 예루살렘에 돌아갔더니
> 46 사흘 후에 성전에서 만난즉 그가 선생들 중에 앉으사 그들에게 듣기도 하시며 묻기도 하시니
> 47 듣는 자가 다 그 지혜와 대답을 놀랍게 여기더라
> 48 그의 부모가 보고 놀라며 그의 어머니는 이르되 아이야 어찌하여 우리에게 이렇게 하였느냐 보라 네 아버지와 내가 근심하여 너를 찾았노라
> 49 예수께서 이르시되 어찌하여 나를 찾으셨나이까 내가 내 아버지 집에 있어야 될 줄을 알지 못하셨나이까 하시니
> 50 그 부모가 그가 하신 말씀을 깨닫지 못하더라
> 51 예수께서 함께 내려가사 나사렛에 이르러 순종하여 받드시더라 그 어머니는 이 모든 말을 마음에 두니라
> 52 예수는 지혜와 키가 자라가며 하나님과 사람에게 더욱 사랑스러워 가시더라

(* 푸른색으로 표현된 부분이 예수님의 인간으로서의 표현들입니다.)

2. 왜 예수님은 사람으로 오셨을까요?

하이델베르크 요리문답 12문, 13문, 14문, 15문

12문: 하나님의 의로운 심판에 의해 우리는 이 세상에서 그리고 영원히 형벌을 받아 마땅한데, 어떻게 이 형벌을 피하고 다시 하나님의 은혜를 입을 수 있겠습니까?
 답: 하나님께서는 자신의 의가 만족되기를 원하십니다. 따라서 우리는 우리 스스로든 아니면 다른 이에 의해서든 죗값을 완전히 치러야 합니다.
13문: 우리가 스스로 하나님의 의를 만족시킬 수 있습니까?
 답: 결코 그렇지 않습니다. 오히려 우리는 날마다 우리의 죄책을 증가시킬 뿐입니다.
14문: 어떠한 피조물이라도 단지 피조물로서 우리를 대신하여 하나님의 의를 만족시킬 자가 있습니까?
 답: 하나도 없습니다. 첫째, 하나님께서는 인간의 죄책 때문에 다른 피조물을 형벌하기를 원치 않으십니다. 둘째, 어떠한 피조물이라도 단지 피조물로서는 죄에 대한 하나님의 영원한 진노의 짐을 감당할 수도 없고, 다른 피조물을 거기에서 구원할 수도 없습니다.
15문: 그렇다면 우리는 어떠한 중보자와 구원자를 찾아야 합니까?
 답: 참인간이고, 의로운 분이시나 동시에 참하나님이고 모든 피조물보다 능력이 뛰어나신 분입니다.

(웨스트민스터 신앙고백서 8-2 참조)

하나님의 아들 예수님은 삼위 하나님 중 한 분이신데 하나님의 때에 인간의 본성을 입고, 연약함들도 함께 취하여 오셨습니다. 그러나 그분은 죄는 없으십니다. 그는 성령의 능력으로 동정녀 마리아의 몸에 잉태되어 사람으로 태어나셨고, 완전한 신성과 인성으로 오셨습니다. 그 인격은 참하나님이자 참사람이신, 그리스도로서, 하나님과 사람 사이의 유일한 중보자로 오셨습니다.

3. 예수님은 중보자로서 이 땅에 오셔서 우리의 구원을 이루시는데 낮아지심과 높아지심의 상태에서 중보 사역을 이루십니다. 그 의미를 잘 설명해보세요.

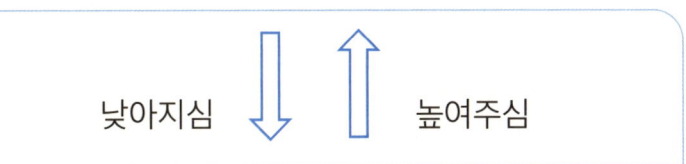

웨스트민스터 소요리문답 27-28문

27문: 그리스도의 낮아지심이 무엇입니까?
답: 그리스도의 낮아지심은 그분이 강생(降生)하시되 그처럼 비천한 형편에 태어나셨고
율법 아래 나셨으며, 이 세상에서 여러 가지 비참함을 겪다가 하나님의 진노와 십자가의 저주의 죽음을 받으셨고, 장사되셔서 얼마 동안 죽음의 권세 아래 거하신 것입니다.

28문: 그리스도의 높아지심이 무엇입니까?
답 : 그리스도의 높아지심은 그분이 사흗날에 죽은 자들 가운데서 부활하셨고, 하늘에 오르셨고, 성부 하나님 우편에 앉아 계시며, 마지막 날에 세상을 심판하러 오시는 것입니다.

4. 예수님의 낮아지심은 우리에게 어떤 은혜일까요?

> **하이델베르크 요리문답 40문, 43문, 44문**
>
> 40문: 그리스도는 왜 "죽으시기"까지 낮아져야 했습니까?
>   답: 하나님의 공의와 진리 때문에 우리의 죗값은 하나님의 아들의 죽음 이외에는 달리 치를 길이 없습니다.
> 43문: 그리스도의 십자가의 제사와 죽으심에서 우리가 받는 또 다른 유익은 무엇입니까?
>   답: 그리스도의 죽으심의 공효로 우리의 옛사람이 그와 함께 십자가에 달리고 죽고, 장사되며, 그럼으로써 육신의 악한 소욕이 더 이상 우리를 지배하지 못하게 되고, 오히려 우리 자신을 그분께 감사의 제물로 드리게 됩니다.
> 44문: "음부에 내려가셨으며"라는 말이 왜 덧붙여져 있습니까?
>   답: 내가 큰 고통과 중대한 시험을 당할 때에도 나의 주 예수 그리스도께서 나를 지옥의 두려움과 고통으로부터 구원하셨음을 확신하고 거기에서 풍성한 위로를 얻도록 하기 위함입니다. 그분은 그의 모든 고난을 통하여 특히 십자가에서 말할 수 없는 두려움과 아픔과 공포와 지옥의 고통을 친히 당하심으로써 나의 구원을 이루셨습니다(시 18:5, 시 116:3).

5. 하나님께서는 이렇게 낮아지심으로 순종하신 예수님을 어떻게 높여주셨나요?

> 부활- 승천- 하나님 우편에 앉아계심-왕으로 다시 오심, 마지막 심판주

만일 그리스도인에게 십자가 복음만 있고 끝이라면, 여러분은 계속 그리스도인으로 살 수 있을까요?

예수님께서 십자가에 대신 죽어 주심으로 우리의 죄의 문제를 해결해주

셨지만, 예수님의 중보 사역은 단지 죄뿐만 아니라 죄의 결과로 우리에게 있는 이 죽음의 문제까지 해결하기 위해서 오신 것입니다. 십자가의 복음은 곧이어 부활이 있기에 참된 기쁜 소식입니다.

 예수님은 우리에게 생명을 주시기 위해 오셨습니다.

요한복음 10장 10절: (… 내가 온 것은 양으로 생명을 얻게 하고 더 풍성히 얻게 하려는 것이라)

 예수님은 부활이요, 생명이십니다. 이 부활의 복음은 믿는 자에게 주시는 축복입니다.

> **고린도전서 15장 20-21절**
>
> 20 그러나 이제 그리스도께서 죽은 자 가운데서 다시 살아나사 잠자는 자들의 첫 열매가 되셨도다
> 21 사망이 한 사람으로 말미암았으니 죽은 자의 부활도 한 사람으로 말미암는도다

> **하이델베르크 요리문답 45문**
>
> 45문: 그리스도의 부활은 우리에게 어떤 유익을 줍니까?
> 답: 첫째, 그는 자신의 죽음으로 우리를 위해 획득하신 그 의로움에 우리를 참여시키려고 자신의 부활로 죽음을 정복하셨습니다. 둘째, 우리 역시 그의 권능에 의하여 새로운 생명으로 일으킴을 받습니다. 마지막으로 그리스도의 부활은 우리의 복된 부활에 대한 분명한 보증입니다.

예수님이 잡혀가실 때 두려워 다 도망갔던 제자들이, 어떻게 다시 돌아와 예수님을 전하는 복음 전도자가 되었을까요?

(부활하신 예수님을 만난 후 제자들은 부활 신앙으로 다시 힘을 얻었다.)

죽음을 이기고 다시 살아나신 예수님의 부활은 제자들이 더 이상 죽음을 두려워하지 않고 믿음으로 살아가게 하는 동력이 되었습니다. 그들은 완전히  변화되었습니다. 예수님의 십자가와 더불어 부활은 교회를 세우는 중심 축입니다.

예수님의 제자들뿐만 아니라 예수님을 믿었던 초대 교회 성도들은 예수님의 부활을 믿었기에 그들에게 있었던 박해도 견딜 수 있었습니다. 이 땅에서의 삶이 전부가 아니라, 죽어도 반드시 하나님께서 다시 살리실 것을 신뢰했기 때문입니다.

 제자들의 믿음의 뿌리가 되는 말씀이 있습니다. 찾아보세요.

1) 빌립보서 3장 11절

(어떻게 해서든지 죽은 자 가운데서 부활에 이르려 하노니)

2) 요한계시록 22장 20-21절

(예수님께서 속히 다시 오시리라 약속하심)

그들은 부활을 소망하며, 다시 오실 예수님을 기다리며 복음과 신앙 진리를 지키기 위해서 그들의 육신을 불사르는 현장에서도 찬송할 수 있었던 것입니다.

6. 예수님의 낮아지심과 하나님께서 다시 높여주심을 통해 나는 무엇을 믿나요?

> 우리의 구원을 위해 최악의 낮아지심을 감당하신 예수님의 은혜로 우리가 구원을 받았습니다. 고통을 만나더라도 그 속에서 주님의 고난을 묵상하며 이겨내게 하시고, 하나님께서 주님을 높여주셨듯이 우리도 언젠가 다시 높여주실 날을 기대합니다.

뉴시티 교리문답 50문

50문: 그리스도의 부활은 우리에게 무슨 의미가 있습니까?
답: 그리스도는 육체로서 부활하셔서 죄와 사망을 이기셨습니다. 그래서 그분을 믿는 사람은 누구나 이 세상에서 새로운 생명을 얻고(이미) 앞으로 올 세상에서 영생을 얻습니다(아직). 우리가 언젠가 부활하듯이, 이 세상도 언젠가 회복될 것입니다. 하지만 그리스도를 믿지 않는 사람은 영원한 죽음을 당할 것입니다.[1]

데살로니가전서 4장 13-14절

"형제들아 자는 자들에 관하여는 너희가 알지 못함을 우리가 원하지 아니하노니 이는 소망 없는 다른 이와 같이 슬퍼하지 않게 하려 함이라 우리가 예수께서 죽으셨다가 다시 살아나심을 믿을진대 이와 같이 예수 안에서 자는 자들도 하나님이 그와 함께 데리고 오시리라"

---

[1] 뉴시티 교리문답, 231.

오늘 배운 믿음의 내용을 한 문장으로 정리해봅시다.

나는 예수님이 우리의 중보자로 오셔서 십자가에서 대신 죽어주시고, 부활하심으로 새 생명을 주심을 믿습니다.

사랑의 하나님, 예수님이 저를 위해 대신 십자가 형벌을 감당해주시고, 하나님이시기에 부활의 능력으로 살아나셔서 우리에게 새 생명 주시는 구원을 이루심에 감사합니다. 주님 다시 오실 날을 기다리며 십자가의 낮아짐과 부활의 높이심을 전하며 그 믿음으로 승리하게 하소서.
예수님 이름으로 기도합니다. 아멘

7 과 ✡ 교 수 학 습 포 인 트

예수님의 구원 사역의 가장 중심적 사역인 십자가의 죽으심과 부활의 의미를 낮아지심과 높여주심의 방향성에서 정리해보았습니다. 하이델베르크 요리문답에서는 예수님의 죽으심은 우리에게 어떠한 유익이 있고, 부활하셨음은 우리에게 어떠한 유익이 있는지 관계적 의미로 잘 설명해줍니다. 예수님의 십자가와 부활을 믿는 다는 것이 우리의 삶에 실제적으로 어떠한 의미가 있는지 잘 배우는 시간이 되길 바랍니다

세례·입교 예비자 교육 매뉴얼

 | 나는 우리와 함께 하시는 성령님을 믿습니다.

7과 복습

<순종 게임: 예수님처럼>

쪽지 세 장을 준비하여 하나씩 뽑게 한다. (1-2-3 순차적으로 미션을 수행하기)

(1. 교실 바닥을 물티슈로 청소한다.

2. 친구의 어깨를 주물러 준다.

3. 높이 숨겨둔 과자를 찾아와 나눠먹는다.

이렇게 각각의 종이에 적어 접어서 뽑게 합니다. 학생들의 수에 따라 종이의 봉사 내용을 만들어 적으면 됩니다.

* 몸을 숙여 청소함을 통해 예수님의 낮아지심을 생각하고, 높은 곳에 있는 과자를 찾아와 맛있게 먹음으로 부활의 기쁨과 높여주시는 하나님의 은혜를 느껴보게 하는 활동입니다.)

복습 퀴즈

1. 왜 예수님은 사람으로 오셨을까요?

 (사람이 죄를 지었으므로, 죄의 형벌을 사람이 감당해야 했다.

 :사람이 하나님께 불순종하여 죄의 형벌인 사망에 놓여지게 되었으

므로, 사랑의 하나님께서는 사람의 모습으로 독생자를 보내셔서 그 형벌을 대신 감당하게 하시고, 하나님의 능력으로 다시 살아나셔서, 예수님을 믿는 자들에게 구원의 길을 열어주셨습니다.)

2. 예수님이 사람으로 오셔서 십자가 위에서 죽임 당하시고, 장사되시고, 음부의 권세를 이겨내심은 우리에게 어떤 유익이 있을까요? 이 낮아지심은 우리에게 어떤 은혜일까요?

(예수님이 친히 십자가에서 부끄러운 저주의 죽음을 감당하시고, 땅 속에 묻히시고, 지옥의 고통을 감당하시고 부활하셨으므로 우리가 어떠한 고통 속에 있더라도 예수님께서 다 경험하신 것이기 때문에 우리를 불쌍히 여기시고, 구원하심.

: 사람으로 오신 중보자 예수님께서 우리 인간의 육체의 사망과 영혼의 사망을 모두 감당해 주셨기에 예수를 믿기만 하면 우리는 육체의 죽음은 당하나, 그 이후 영원한 죽음의 형벌을 받지 않고 영원한 생명으로 옮겨지는 구원을 받게 되었습니다. 그리고 이 땅을 살아가는 동안에도 예수님께서 이미 이루신 구원을 누리기 시작하며, 우리가 당하는 모든 고난과 고통 속에서도 예수님께 기도하면, 하늘에서 예수님께서 우리의 고통을 아시고 아버지 하나님께 우리를 위해 중보 기도하십니다. 이것이 구주 예수님, 중보자 예수님이 낮아지신 은혜입니다.)

3. 예수님이 다시 높임 받으심은 우리에게 어떤 유익이 있습니까?

(그를 믿는 자는 누구나 이 땅에서 새로운 생명을 얻고, 앞으로 올 세상에서 영생을 얻습니다.

:하나님이시기에 죽음을 이기고 부활하신 예수님의 높아지심은 하늘로 승천하셔서 하늘에서 우리를 위해 중보 기도하시며, 다시 오시는 날 심판주로 오셔서 예수 믿는 자들은 의롭다 여기시고, 준비된 처소로 인도하실 것입니다. 믿는 자는 하늘에서 주님과 함께 왕노릇할 것입니다. 예수님의 부활과 높아지심은 그리스도인들도 누리게 될 구원의 보증입니다.)

 **나는 우리와 함께 하시는 성령님을 믿습니다.**

 혹시 성령님을 경험했거나, 성령님이 함께 하심을 느꼈던 경험이 있다면 한 가지씩 이야기해봅시다.

예) 하나님의 말씀을 들을 때 마음이 뜨거워지고, 눈물이 흘렀어요…
기도할 때 성령님이 함께 하심이 느껴졌어요.

* 우리는 성령님에 대해서는 설명하기 어려워할 때가 많아요. 영이시라서 추상적으로 생각하게 되는데, 성령님을 인격적으로 이해하고, 교제하기 위해서는 성령님을 성경과 교리를 통해 정리할 필요가 있습니다.

I. 성경에서는 성령님에 대해 무엇을 말씀하시나요?

*신약에서만 아니라 구약에서도 하나님의 영이 일하셨음을 성경을 통해 확인할 수 있습니다. 성령님은 다양한 사역(창조, 구속, 능력 행함 등)을 하십니다.

1. 성령님은 언제부터 계셨나요?

    (창세기 1:2 태초에 … 하나님의 영이 수면 위에 운행하셨습니다.)

2. 모세와 여호수아 같은 지도자들에게 성령님은 무엇을 하셨나요?(출애굽기 4:21, 신명기 34:9)

    (성령 충만함으로 지도력을 주심)

3. 열왕기상 18장 45-46절에서 성령님은 한 노인 엘리야를 어떻게 하셨나요?

    (마차를 타고 가는 아합보다 여호와의 성령의 능력이 임하니 노인 엘리야는 허리를 동이고 달려가 마차를 타고 가는 아합을 앞질러 달려가게 되었습니다.)

4. 요엘 2장 28절을 찾아보세요.

    (하나님께서 하나님의 영을 만민에게 부어줄 것이라고 약속하셨습니다. 요엘 2장 32절에서는 누구든지 여호와의 이름을 부르는 자는 구원을 얻으리라고 말씀하셨습니다. 하나님의 영은 구원으로 인도합니다.)

5. 젊은 여인 마리아는 성령님에 의해 하나님의 아들 예수님을 (잉태) 하였다. (마 1:18) (*예수님의 성육신도 성령의 사역)

6. 예수님도 성령의 (능력)으로 일하셨고(눅 4:14), 예수님이 승천하신 이후에 그의 제자들과 사도들도 성령의 (능력)으로 전도하였다(고전 2:4).

7. 성령님은 다양한 사람들을 모아 (교회)를 이루게 하셨다. (행 2:42-47).

8. 성령님은 60년 만에 (예수님)의 복음을 예루살렘에서 사마리아, 시리아, 안디옥, 터키, 그리스, 로마에 이르기까지 전파되게 하셨다. (* 참고 : 사도행전, 그래서 사도행전을 "성령"행전이라고 한다.)

9. 성령님은 수백만 명의 사람들이 (예수님)을 믿도록 도우셨다. 그리고 지금도 수천만 온 세계의 사람들에게 복음이 전파되어 믿음을 갖도록 도우신다.

구약부터 신약까지 성령님은 계속해서 일하고 계셨습니다. 예수님이 승천하신 이후 성령님께서는 성도들과 함께 하시며 교회를 세우시고, 돌보십니다. 그리고 예수님이 마지막으로 부탁하신 지상 명령을 수행하도록 우리에게 능력을 주십니다.

But 그러나 아직도 예수님을 모르는 사람들이 있고, 슬퍼하고 상처받은 사람들이 있습니다.
하나님의 창조 세계는 고통받고 있으며, 나라들은 불의와 전쟁으로 고통하고 있습니다. 성령님께서 여러분을 성령님과 함께 하나님의 사랑과 용서와 평화의 말씀을 전하고, 회복과 정의를 위해 일하도록 부르고 계십니다.
여러분은 성령님의 음성이 들리나요? 여러분의 응답은 무엇인가요?
(   )

성령의 열매: 열매로 알리라.

성령님이 우리 안에 계시면, 우리의 삶에 성령의 열매가 열립니다. (갈라디아서 5장 22,23절) 성경에는 이 열매를 9가지의 특성들로 표현합니다. 아래의 포도송이에 적어보세요.

(사랑, 희락, 화평, 오래 참음, 자비, 양선, 충성, 온유, 절제)

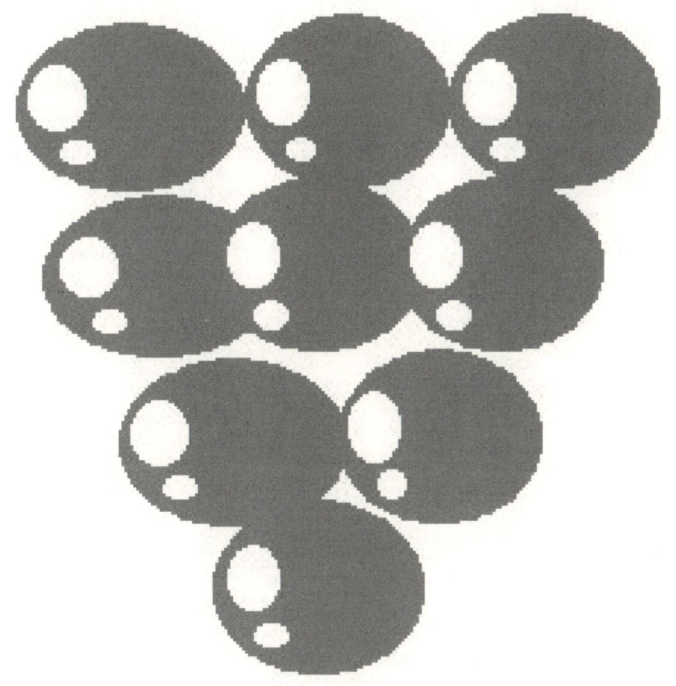

그리고 오늘날의 표현으로 나의 재능들을 찾아 동그라미 해보세요.
☞오늘날의 표현으로 성령이 주신 재능들
: 행정을 잘함/ 격려/ 봉사/ 자비를 베품/ 잘 인도함/ 복음을 잘 전함/ 하나님의 말씀을 잘 알고 설명함/ 잘 이해하고 해석함/ 창의적 소통-음악,

예술, 저작, 드라마, 댄스 등/ 사람들을 잘 대접함/ 주기를 좋아함/ 잘 가르침/ 믿음, 신뢰감/ 선, 악, 참, 거짓을 잘 분별함.

II. 예수님께서 소개하시는 성령님 짜잔-

요한복음 14장 16-18절

내가 아버지께 구하겠으니 그가 또 다른 보혜사를 너희에게 주사 영원토록 너희와 함께 있게 하리니
그는 진리의 영이라 세상은 능히 그를 받지 못하나니 이는 그를 보지도 못하고 알지도 못함이라
그러나 너희는 그를 아나니 그는 너희와 함께 거하심이요 또 너희 속에 계시겠음이라
내가 너희를 고아와 같이 버려두지 아니하고 너희에게로 오리라

III. 교리문답들에 나타난 성령님

웨스트민스터 소요리문답 29문, 30문, 31문

29문: 우리가 어떻게 그리스도의 값 주고 사신 구속에 참여하는 사람이 됩니까?
   답: 그리스도의 성령께서 그 구속을 우리에게 효력 있게 적용하여 주심으로 우리는 그리스도의 값 주고 사신 구속에 참여하는 사람이 됩니다.
30문: 그리스도의 값 주고 사신 구속을 성령께서 우리에게 어떻게 적용하십니까?
   답: 성령께서는 우리를 효력 있는 부르심을 부르셔서 우리 안에 믿음을 일으켜 주시고 그리스도와 연합하게 하심으로 그리스도의 값 주고 사신 구속을 우리에게 적용하여 주십니다.
31문: 효력 있는 부르심이 무엇입니까?
   답: 효력 있는 부르심은 하나님의 성령께서 하시는 일로서, 우리의 죄와 비참함을 깨닫게 하시고, 우리의 마음을 밝게 하여 그리스도를 알게 하시고, 우리의 의지를 새롭게 하셔서 우리로 하여금 복음 가운데 값없이 주시는 예수 그리스도를 영접하도록 우리를 설복하여 믿게 하시는 것입니다.

하이델베르크 요리문답 53문

53문: 성령에 관하여 당신은 무엇을 믿습니까?
  답: 첫째, 성령은 성부와 성자와 함께 참되고 영원한 하나님이십니다.
  둘째, 그분은 또한 나에게도 주어져서 나로 하여금 참된 믿음으로 그리스도와 그의 모든 은덕에 참여하게 하며 나를 위로하고 영원히 나와 함께 하십니다.

뉴시티 교리문답 36-37문

36문: 성령에 관해 우리는 무엇을 믿습니까?
  답: 우리는 성령이 하나님이라는 것, 성부와 성자와 영원히 공존하신다는 것, 하나님이 모든 믿는 자에게 허락하신 성령은 영원히 우리와 함께 하신다는 것을 믿습니다.
37문: 성령은 우리를 어떻게 도우십니까?
  답: 성령은 우리 죄를 깨닫게 하시며, 우리를 위로하시고 인도하시며, 영적 은사와 하나님께 순종하려는 열망을 주십니다. 또한 우리가 기도하고 하나님의 말씀을 이해하도록 도우십니다.

● 성령님은 삼위일체 하나님으로 창조와 언약과 구원의 모든 과정에 함께 하시는 분입니다. 그리고 성부 하나님, 성자 예수님과 동등한 하나님이십니다. 특히 성령님은 예수님의 구원을 우리 개개인에게 적용하셔서 하나님을 아바 아버지라 부를 수 있게 하십니다.(양자의 영)
또한 성령님의 선물로 우리는 믿음을 갖게 되어 오직 그 믿음으로 구원을 얻게 되고 영원한 생명을 얻게 됩니다. 이 성령님은 예수님께서 보내주신다고 약속하신 영으로서 예수님 승천 이후에도 늘 예수 믿는 우리와 함께 계시며, 위로하시고, 진리를 분별하게 하시고, 성경을 깨닫게 하시고, 기도를 도우시며, 우리를 점점 더 거룩하게 변화시켜 나가십니다. 그래서 구원에 있어서 삼위일체 중 성령 하나님의 사역을 "성화"라고 합니다.
성령님은 특히 교회의 영으로서, 그리스도의 몸 된 교회를 세우시고, 성도들에게 은사를 주셔서 교회를 섬기도록 역사하시고, 성도들을 끝까지 지키시는 하나님이십니다.

여러분은 성령님과 함께 하고 있나요? 어떻게 하면 성령님을 더 깊이 느낄 수 있을까요?

> * 하나님께서는 그의 은혜와 성령을 오직 탄식하는 마음으로 쉬지 않고 구하고, 그것에 대해 감사하는 사람에게만 주십니다.(하이델베르크 요리문답 116문)

* 성령님에 대해 새롭게 알게 된 내용을 정리해 봅시다.

 오늘 배운 믿음의 내용을 한 문장으로 정리해봅시다.

___

___

예) 성령님은 우리와 함께 하시고, 믿음을 일으키시는 분이시고, 성화를 이루시고, 교회를 지키시는 분입니다.

우리와 함께 하시는 성령님, 태초부터 예수님 다시 오실 그 날까지 우리와 함께 하시며, 우리의 믿음이 자라가게 하시고, 교회를 끝까지 지켜주실 줄 믿습니다. 우리가 늘 성령님을 우리 중심에 모시고 동행하며, 능력있는 주의 일꾼들로 자라가게 해주세요. 예수님의 이름으로 기도합니다. 아멘

8 과 ✧ 교 수 학 습 포 인 트

육체를 입고 이 땅에 오신 예수님에 비해 성령님은 영이시라서 사람들이 이해하기엔 어려움이 있습니다. 그래서 성령님은 오랫동안 비인격적으로 잘못 이해되어 온 것 같습니다. 이 교재는 성령 하나님을 삼위 하나님으로서 인격적으로 친밀하게 이해하고, 창조, 구원, 성화의 모든 과정에서 함께 하시는 분임을 보여주고자 합니다. 성령님에 대한 구약부터 신약의 다양한 구절들을 직접 찾아보며 성령님을 배우고, 예수님 스스로 성령님에 대해 소개하시는 부분, 교리문답서에 소개된 성령님 이해를 통하여 청소년들이 성령님을 이제 모호함이 아니라 명확히 이해하고, 성령님과 함께 하는 삶을 살도록 인도합니다.

9과 | 나는 말씀과 성령으로 인도하시는 그리스도의 몸 된 교회를 믿습니다.

 8과 복습

1. 성령님은 누구신가요?

(태초부터 하나님과 함께 계셨던 영, 예수님께서는 승천하신 후 보혜사 성령님을 보내주셨고, 그분은 진리의 영이십니다. 우리의 구원을 효력있게 하시고, 믿음을 일으키시고, 교회를 지키십니다. 하나님은 우리가 기도할 때 성령을 선물로 주신다고 약속하셨습니다.)

2. 성령님은 어떤 일을 하시나요?

> **하이델베르크 요리문답 1문 후반부**
>
> … 그러하므로 그의 성령으로 그분은 나에게 영생을 확신시켜 주시고, 이제부터는 마음을 다하여 즐거이, 그리고 신속히 그를 위해 살도록 하십니다.(롬 8:16)

성령님은 우리의 믿음을 일으키시고, 자라게 하십니다.

> … 성령은 자신의 빛을 비추어 주심으로써, 우리 스스로 파악할 수 없는 사실들을 이해할 수 있게 하십니다. 성령은 우리 마음 안에 구원의 약속을 표시해주심으로써, 우리에게 강한 구원의 확신을 선사하십니다.(제네바 요리문답 113)

3. 성령님을 어떻게 받을 수 있나요?(눅 11:13)

   (기도할 때 성령님을 보내주신다고 약속하셨습니다.)

 나는 말씀과 성령으로 인도하시는 그리스도의 몸 된 교회를 믿습니다.

* 여러분이 생각하는 교회의 모습을 그려보세요.

예)

> **Q** 교회는 무엇일까요?

교회의 한자어는 教會입니다. "教"는 가르치다, 會는 모이다의 뜻입니다. 즉 교회는 가르치기 위해 모인 모임입니다. 개인이 아니라 여럿이 모였다는 의미와 그 모인 목적이 무엇을 가르치기 위함이라는 것이 가장 기본적인 의미입니다. 여기에는 건물의 의미는 아직 없습니다. 그래서 이러한 모임을 위한 장소를 교회당, 또는 이 모임의 주요한 활동이 예배이므로 예배드리는 장소, 예배당이라고 불리게 되었습니다.

> **하이델베르크 요리문답 54문**
>
> 54문 : 거룩한 보편적 교회에 관하여 당신은 무엇을 믿습니까?
> 　답: 나는 하나님의 아들이 (누가)
> 　　　세상의 처음부터 마지막 날까지 (언제)
> 　　　모든 인류 가운데서 영생을 위하여 선택하신 교회를 (왜, 무엇을)
> 　　　참된 믿음으로 하나가 되도록
> 　　　그의 말씀과 성령으로
> 　　　자신을 위하여 불러모으고 보호하고 보존하심을 믿습니다. (어떻게)
> 　　　나도 지금 이 교회의 살아있는 지체이며 영원히 그러할 것을 믿습니다.

1) 교회에 대해 우리가 믿는 바를 잘 정리해주었습니다. 우선 교회는 누가 모으셨나요?

    (하나님의 아들)

2) 그리고 언제부터 모으셨을까요? 예수님이 부활하신 이후일까요?

    (세상의 처음부터 마지막 날까지)

3) 구약의 교회와 신약의 교회는 어떻게 연결되고, 어떻게 구별될 수 있나요?

아담과 하와의 범죄 이후에도 은혜 언약을 맺으신 하나님은 계속해서 언약의 백성들을 택하시고, 구원을 준비하셨습니다. 하나님께 부름받은 자들, 택함받은 백성이 구약의 교회입니다. 구약의 신자들에게는 언약이 중요합니다. 은혜 언약으로 부르신 자들이기에 하나님 편에서 구원하시는 것입니다. 그리고 출애굽을 통해 자기 백성을 구원하신 하나님께서는 율법을 주시고, 거룩한 백성이 되기를 원하십니다.

그러나 그들은 언약 백성에게 주신 율법을 지킬 수 없었습니다. 죄인인 인간은 언약을 지킬 수 없기에 하나님께서 새 언약을 마음에 새겨주실 것을 예언하셨고, 하나님이 친히 사람이 되셔서 유월절 어린 양의 보혈을 흘려주심으로 언약을 성취하십니다. 유일하고 완전한 대제사장 되시는 예수님의 단번의 효력있는 제사로 죄 사함을 이루어주셨기에 이제 구약의 짐승을 대신 잡아 드리는 제사는 교회에서 사라지게 됩니다. 구약과 신약의 교회가 이러한 면에서는 다릅니다.

신약에서는 예수 그리스도의 보혈을 힘입어 그 이름을 믿는 자들은 모두 새 언약의 백성, 그리스도의 몸 된 지체들로서 교회를 이룹니다.

4) 하나님은 어떻게 교회를 참된 믿음으로 하나 되도록 일하시나요?

예수님을 믿음으로 하나님의 자녀가 된 성도들은 성령의 인도하심으로 말씀과 성례를 통해 참된 교회로 세워집니다.

교회는 믿음의 공동체이자, 신앙 교육의 공동체입니다. 그런 면에서 교회의 한자어, 가르칠 "교"는 그 의미를 잘 담아내고 있습니다.

성령님께서 예수 그리스도를 믿는 신자들을 하나님의 말씀과, 성례로 교육하시고, 훈련하시어 그 믿음이 자라게 하십니다.

 성경 본문1 : 바울이 데살로니가에 있는 성도들에게, 곧 교회에게 보낸 편지의 내용입니다.

> **데살로니가후서 2장 13-14절**
>
> 주께서 사랑하시는 형제들아 우리가 항상 너희에 관하여 마땅히 하나님께 감사할 것은 하나님이 처음부터 너희를 택하사 성령의 거룩하게 하심과 진리를 믿음으로 구원을 받게 하심이니
> 이를 위하여 우리의 복음으로 너희를 부르사 우리 주 예수 그리스도의 영광을 얻게 하려 하심이니라

1. 하나님께서 그 성도들을 먼저 (택하사)

2. 그들을 택하셔서 (성령)을 통해 거룩하게 하시고 (믿음)을 갖게 하셨습니다.

3. 그들의 믿음으로 인해 (구원)을 받게 하셨습니다.

4. 복음으로 그 성도들을 부르신 목적은 예수 그리스도께서 이루신 구원을 찬송하게 하심입니다.

   주님께서 (영광) 받으시도록 우리를 부르셨습니다.

 성경 본문 2 : 고린도전서 12:12-31

> 12 몸은 하나인데 많은 지체가 있고 몸의 지체가 많으나 한 몸임과 같이 그리스도도 그러하니라
> 13 우리가 유대인이나 헬라인이나 종이나 자유인이나 다 한 성령으로 세례를 받아 한 몸이 되었고 또 다 한 성령을 마시게 하셨느니라
> 14 몸은 한 지체뿐만 아니요 여럿이니
> 15 만일 발이 이르되 나는 손이 아니니 몸에 붙지 아니하였다 할지라도 이로써 몸에 붙지 아니한 것이 아니요
> 16 또 귀가 이르되 나는 눈이 아니니 몸에 붙지 아니하였다 할지라도 이로써 몸에 붙지 아니한 것이 아니니

17 만일 온 몸이 눈이면 듣는 곳은 어디며 온 몸이 듣는 곳이면 냄새 맡는 곳은 어디냐
18 그러나 이제 하나님이 그 원하시는 대로 지체를 각각 몸에 두셨으니
19 만일 다 한 지체뿐이면 몸은 어디냐
20 이제 지체는 많으나 몸은 하나라
21 눈이 손더러 내가 너를 쓸 데가 없다 하거나 또한 머리가 발더러 내가 너를 쓸 데가 없다 하지 못하리라
22 그뿐 아니라 더 약하게 보이는 몸의 지체가 도리어 요긴하고
23 우리가 몸의 덜 귀히 여기는 그것들을 더욱 귀한 것들로 입혀 주며 우리의 아름답지 못한 지체는 더욱 아름다운 것을 얻느니라 그런즉
24 우리의 아름다운 지체는 그럴 필요가 없느니라 오직 하나님이 몸을 고르게 하여 부족한 지체에게 귀중함을 더하사
25 몸 가운데서 분쟁이 없고 오직 여러 지체가 서로 같이 돌보게 하셨느니라
26 만일 한 지체가 고통을 받으면 모든 지체가 함께 고통을 받고 한 지체가 영광을 얻으면 모든 지체가 함께 즐거워하느니라
27 너희는 그리스도의 몸이요 지체의 각 부분이라
28 하나님이 교회 중에 몇을 세우셨으니 첫째는 사도요 둘째는 선지자요 셋째는 교사요 그 다음은 능력을 행하는 자요 그 다음은 병 고치는 은사와 서로 돕는 것과 다스리는 것과 각종 방언을 말하는 것이라
29 다 사도이겠느냐 다 선지자이겠느냐 다 교사이겠느냐 다 능력을 행하는 자이겠느냐
30 다 병 고치는 은사를 가진 자이겠느냐 다 방언을 말하는 자이겠느냐 다 통역하는 자이겠느냐
31 너희는 더욱 큰 은사를 사모하라 내가 또한 가장 좋은 길을 너희에게 보이리라

 위의 말씀을 통해 알 수 있는 교회는 무엇인가요?(13, 20, 27 절 참고)

(13절. 교회는 한 성령으로 세례를 받아 한 몸이 된 자들의 모임
20절. 교회는 한 몸의 여러 지체들, 27절. 그리스도의 몸의 각 지체들)

- 그러면 우리 ○○○○교회는 교회인가요?

(네. 예수 그리스도를 믿음으로 모인 성도들의 공동체로 각 지역교회는 그리스도를 머리로 하는 공교회에 속하는 교회입니다. 전 세계의 모든 교회들이 그리스도를 머리로 하는 교회, 하나의 교회(공교회, 보편교회, 보이지 않

는 교회)입니다. 그래서 우리가 다니는 건물 안에 각각의 교회 이름으로 모여지는 교회는 지역교회, "보이는 교회"라고 합니다.)

- 청소년부(중,고등부)는 교회인가요?

(네. 교회 안의 작은 그룹도 큰 교회 안에 속하는 작은 지체들의 모임으로서의 교회라고 할 수 있습니다. 가지 교회들이죠. 그래서 네덜란드 개혁교회는 온 성도, 모든 세대가 함께 모여 예배를 드리고, 어른들의 설교 시간에 어린이들은 이해하기 어려우므로 조용히 나가서 각자의 연령 그룹끼리 소예배실로 갑니다. 그때 한 교회 안의 작은 교회들이라는 의미에서 교회 예배실의 큰 (부활절 초) 초에 불을 붙여서 작은 초들을 가지고 흩어집니다. 그리고 설교를 마치고 헌금 시간 전에 부서별 공부를 마치고 다시 초를 들고 돌아옵니다. 그리고 다시 초를 큰 촛대 옆에 세워둡니다. 한 교회임을 상징하는 것입니다.)

 교회에는 어떤 직분들과 일들이 있나요?(28, 29절 참고)

(첫째는 사도요 둘째는 선지자요 셋째는 교사요 그 다음은 능력을 행하는 자요 그 다음은 병 고치는 은사와 서로 돕는 것과 다스리는 것과 각종 방언을 말하는 것.

오늘날에는 교회마다 조금씩 다른 이름의 직분이 있지만, 대개는 목사, 장로, 권사, 집사, 교사 등 교회 안에서 맡겨진 직능에 따라 직분의 이름이 정해집니다. 이러한 직분을 맡은 자들이 말씀을 가르치는 일, 구제하는 일, 다스리는 일, 심방하는 일, 선교, 전도하는 일 등을 합니다.)

*고린도 교회 이야기(교회의 분열? 그리스도의 몸!)

(고린도 교회에는 은사가 참 많았습니다. 그런데 그러한 은사들 가운데 분쟁이 있어서 사도 바울은 그들에게 분쟁을 멈출 수 있는 더욱 큰 은사를 사모하도록 하고, 그리스도의 몸 된 교회를 하나 되게 해야 함을 강조합니다.)

Q 12장의 마지막에 바울은 교회에 주신 가장 좋은 길, 더욱 큰 은사에 대해 이야기합니다. 바울은 이 은사가 교회를 하나 되게 하는데 가장 좋은 길이라고 제시합니다. 이것은 무엇일까요?

(고린도전서 13장에서 그 은사를 말합니다. 그 가장 큰 은사는 "사랑"입니다.)

Q 세상에는 많은 교회들이 있습니다. 그러면 아무 교회에나 가도 되나요? 바른 교회, 참된 교회를 구별하는 기준이 있나요?

> **벨직 신앙고백서 28장**
>
> … 참교회임을 알 수 있는 몇 가지 사실은 다음과 같다. 만일 복음의 순수한 교리가 전파되고, 그리스도에 의해 세워진 성례가 순수하게 이행되며, 교회의 가르침으로 인해 죄를 징벌하는 일이 일어난다면 이는 참교회에 속하는 것이다..

벨직 신앙고백서(1561년, 귀도 드브레)는 참된 교회의 표지로써 세 가지 기준을 제시합니다. 말씀, 성례, 권징입니다. 순수한 복음이 전달되고 예수께서 제정하신 성례가 지켜지며 말씀을 기준으로 권징 즉, 삶의 훈련이 시행되는 곳이 참된 교회라고 이야기합니다. 이 세 가지는 예수 그리스도께서 자기 백성과 만나시는 방법이고, 말씀과 성례와 권징을 통해 우리는 주님이 함께 하심을 경험합니다.

<< 그리스도의 몸 된 교회의 지체된 우리의 특권은 무엇일까요? >>
1. 그리스도의 몸 된 교회는 그리스도와 (교제)할 수 있는 특권을 가졌습니다.
웨스트민스터 신앙고백서 26장: '자신의 머리 되시는 예수 그리스도와 연합되어 있는 모든 성도들은 그의 영으로 말미암아 믿음을 통해서 그의 은혜, 고난, 죽음, 부활, 그리고 영광 안에서 그와 교제한다.'

2. 교회는 서로 연합하여 (유익)을 끼칠 수 있습니다.

'성도들은 사랑으로 서로 연합되어 있기 때문에, 각자에게 주어져 있는 은사와 은혜 안에서 교통한다.'

3. 교회는 성령과 (말씀) 안에서 하나가 됩니다.

우리는 그리스도의 몸의 각 지체들이기 때문에 서로 하나입니다.

 오늘 배운 신앙의 내용을 정리해봅시다.

뉴시티 교리문답 48

* 교회는 영생을 얻도록 택함받고
믿음으로 하나된 자들로 함께 하나님을 사랑하고 따르며, 배우고 예배합니다.

교회를 위해 기도해요. (우리 교회의 기도 제목을 찾아봅시다.)

1. 혹시 우리 교회에 다니며 불평했던 것이 있나요? 어떻게 하면 그 불평이 감사로 바뀔 수 있을까요?

2. 내가 교회를 위해 섬길 수 있는 것은 무엇이 있을까 생각해봅시다.

9과 ✡ 교수학습 포인트

코로나 팬데믹을 겪으면서 우리는 교회가 무엇인지 더 깊이 생각하게 되었습니다. 교회는 말씀과 성령의 인도하심을 받는 믿음의 공동체입니다. 성경이 말하는 교회의 핵심 사항들을 잘 기억하고, 참된 교회의 기준을 놓치지 않는 교회가 되도록 성령님께서 우리 교회를 지켜주시길 기도하며 우리는 교회의 지체된 자들로서 어떠한 섬김을 할 수 있을지 생각해봅시다.

10과 | 나는 성령님께서 말씀과 성례로 믿음을 자라게 하심을 믿습니다.

 9과 복습

1. 교회는 무엇일까요?

   (교회는 영생을 얻도록 택함받고, 믿음으로 하나된 자들로 함께 하나님을 사랑하고 따르며, 배우고 예배합니다.-뉴시티 교리문답 48)

2. 참된 교회를 구별하는 기준 세 가지는 무엇일까요?

   (만일 복음의 순수한 교리가 전파되고, 그리스도에 의해 세워진 성례가 순수하게 이행되며, 교회의 가르침으로 인해 죄를 징벌하는 일이 일어난다면 이는 참교회이다 -벨직 신앙고백서 28장)

3. 그리스도의 몸 된 교회 안에는 사도, 선지자, 교사, 능력행하는 자, 병고치는 자, 서로 돕는 자, 다스리는 자, 방언하는 자 등을 세우셔서 복음을 전하고, 교육하게 하셨습니다. 그런데 이 모든 은사보다 교회를 하나 되게 하는 더 큰 은사가 있는데 그것은 무엇일까요?

   (사랑)

오늘의 신앙고백: 나는 성령님께서 말씀과 성례로 믿음을 자라게 하심을 믿습니다.

< 나의 성장 비결 나누기 >

그리스도께서는 교회가 참된 믿음으로 하나가 되도록 말씀과 성령으로 불러 모으고, 보호하고, 보존하십니다. 우리는 참된 믿음으로만 하나님 앞에서 의롭다하심을 받을 수 있고, 영원한 생명을 얻게 되는 것입니다.

> Q. 지금까지 성장하는 과정 중에 가장 키가 많이 컸던 시절 나는 무엇을 먹었는지? 또는 무슨 운동을 했는지 이야기해보세요. (신체적 성장)
>
> 또는 나의 지적, 정서적, 인격적 성장에 가장 중요한 영향을 준 것은 무엇이었는지 생각해보고, 옆사람과 이야기해보세요.

Q 그러면 우리는 어떻게 이러한 믿음을 갖게 되나요?

* 로마서 10장 17절을 찾아보세요.

(믿음은 들음에서 나며, 들음은 그리스도의 말씀으로 말미암느니라)

하이델베르크 요리문답 65문

65문: 오직 믿음으로만 우리가 그리스도와 그의 모든 은덕(恩德)에 참여할 수 있는데, 이 믿음은 어디에서 옵니까?
 답: (성령)에게서 옵니다
  그분은 거룩한 (복음)의 강설로 우리의 마음에 믿음을 일으키며,
  (성례)의 시행(施行)으로 믿음을 굳세게 하십니다.

1. 말씀

복음의 강설은 설교(말씀 선포)를 말하고, 성례는 세례와 성찬을 말합니다. 즉 교회 예배에서 행해지는 말씀 선포와 세례와 성찬에 참여함을 통해 우리의 믿음이 자라고, 견고해집니다.

우리의 마음속에서 믿음을 불러일으키는 것은 성령께서 말씀을 통해 가능하게 하십니다. 복음이 설교를 비롯한 다양한 수단으로 선포될 때 (성령)께서 그 말씀을 마음 가운데 심어주셔서 믿음이 자라게 하시는 것입니다.

> **하이델베르크 요리문답 21문**
>
> 21문: 참된 믿음은 무엇입니까?
> 답: 참된 믿음은 하나님께서 그의 말씀에서 우리에게 계시하신 모든 것이 진리라고 여기는 확실한 지식이며, 동시에 성령께서 복음으로써 내 마음속에 일으키신 굳은 신뢰입니다.
> 곧 순전히 은혜로, 오직 그리스도의 공로 때문에 하나님께서 죄 사함과 영원한 의로움과 구원을 다른 사람뿐만 아니라 나에게도 주심을 믿는 것입니다.

그런 의미에서 설교 말씀이 천국을 열고 닫는 열쇠의 기능을 한다고 합니다. 하나님의 말씀을 듣고 믿음으로 받아들이는 사람은 하나님 나라를 받는 것입니다.

하이델베르크 요리문답 84문

84문: 거룩한 복음의 강설을 통하여 어떻게 천국이 열리고 닫힙니까?
답: 그리스도의 명령에 따라, 하나님께서 그리스도의 공로 때문에 사람들이 참된 믿음으로 복음의 약속을 받아들일 때마다 참으로 그들의 모든 죄를 사하신다는 사실이 신자들 전체나 개개인에게 선포되고 공적으로 증언될 때, 천국이 열립니다.
반대로 그들이 돌이키지 않는 한 하나님의 진노와 영원한 정죄가 그들 위에 머문다는 사실이 모든 믿지 않는 자와 외식하는 자에게 선포되고 공적으로 증언될 때, 천국이 닫힙니다. 이러한 복음의 증언에 따라서 하나님께서는 이 세상에서와 장차 올 세상에서 심판하실 것입니다.

< 예배 중 말씀을 듣는 나의 태도는 어떠한가요? >

말씀을 잘 듣고 기억하기 위해 나는 어떤 방법이 유익하다고 생각하나요?
나의 믿음이 잘 자랄 수 있도록 나에게 맞는 방법을 찾아봅시다.
1) 예배 전 일찍 가서 성령님께서 마음을 열어주시길 기도한다.
2) 예배 시작 전에 주보에 적혀있는 본문 말씀을 먼저 읽어본다.
3) 설교 말씀을 들을 때 주보의 말씀 기록란이나 설교 노트에 적어본다.
4) 설교 시간에 요약적으로 적은 것을 집에서 다시 한번 기억하며 정리한다.
5) 분반 모임이나 가족과 함께 저녁 식사를 하며 오늘 말씀을 통해 받은 은혜를 나눈다.

(* 나에게 가장 좋은 방법을 나누며 서로 실천해 보도록 격려. 토요일에 예배를 위해 기도하며 잠자리에 들기 등등)

2. 하나님의 눈높이 교육 : 성례

참된 교회에는 말씀과 성례와 권징이 있다고 했는데, 성례는 무엇일까요? 문자적인 뜻은 거룩한 예전, 의식이라는 말이죠. 하나님의 말씀이 설교될 때 우리가 귀로 듣고 마음에 새긴다면, 성례는 말씀을 보는 것입니다. 그래서 어거스틴은 성례를 "보이는 말씀"이라고 합니다. 하나님의 약속들을 우리 눈앞에 분명히 보여주기 때문입니다.

Q 그런데, 성례는 교회의 목사님들이나 교회의 회의를 통해 인간이 만든 것일까요? NO

15세기 당시 로마 카톨릭교회는 성경에서 말씀하신 성례들 이외에도 여러 가지 성례들을 덧붙이게 되어 7성례가 있었답니다.
그러나 종교개혁 교회는 이 많은 성례들 중, 성경에서 예수님께서 세우신 두 가지, 세례와 성찬만을 교회에서 믿음을 자라게 하는 은혜의 수단으로 사용합니다.

> **하이델베르크 요리문답 68문**
>
> 68문: 그리스도께서 신약에서 제정하신 성례는 몇 가지입니까?
>   답: 거룩한 세례와 성찬, 두 가지입니다.

Q 그러면 성례는 우리에게 어떤 의미가 있나요?

> **하이델베르크 요리문답 66문**
>
> 66문: 성례가 무엇입니까?
>   "성례는, 복음 약속의 눈에 보이는 거룩한 (표)와 (인)으로, (하나님)께서 제정하신 것입니다. 성례가 시행될 때, 하나님께서는 복음 약속을 우리에게 훨씬 더 충만하게 선언하고 확증하십니다. 이 약속은 그리스도께서 십자가 위에서 이루신 단번의 제사 때문에, 하나님께서 우리에게 죄 사함과 영원한 생명을 은혜로 주신다는 것입니다.

성례는 보이지 않는 하나님의 은혜와 약속을 눈에 보이는 형태로 나타내어 확실하게 증거합니다. 성례를 통하여 우리는 우리에게 부어진 구원의 은혜를 확신하며 그 은혜에 참여하는 것입니다.

> **웨스트민스터 소요리문답 91문**
>
> 91문: 성례가 어떻게 효력있는 구원의 방도가 됩니까?
> 답: 성례가 효력있는 구원의 방도가 되는 것은 성례 자체에나 성례를 행하는 사람에게 어떤 덕이 있어서가 아니고, 오직 그리스도의 복주심과 믿음으로 성례를 받는 사람 속에서 그리스도의 성령께서 일하심으로 됩니다.

👉 말씀을 믿을 때 성례의 효력이 나타나는 것입니다. 그러므로 믿음으로 세례를 받도록 교회는 세례의 의미와 그 속에 담겨 있는 약속의 의미를 깨닫고 믿음에 이를 때까지 교육해야 합니다. 예수 그리스도의 십자가가 성례의 실체인 것을 확실히 믿도록 교육하지 않고, 신체적으로 청소년이 되었다고 주어지는 통과 의례로 세례나 입교가 거행된다면 그것은 우리의 영혼에 아무 유익이 없다고 칼빈은 경고합니다. (기독교강요 3권 14장에서)

또한 성례가 올바르게 수행되려면 반드시 내적인 교사 되시는 성령님이 오셔야 합니다. 성령의 힘이 아니면 성례가 하나님의 일임을 깨달을 수 없습니다. 성령께서 우리의 마음을 부드럽게 하시고, 말씀에 순종하도록 준비시키시고, 말씀과 성례가 우

리 영혼에 전달되도록 하십니다.

교회에서 이루어지는 이 모든 은혜의 수단들은 성령님을 통하여 우리에게 효력있게 전달되는 것입니다. 성령님이 그리스도의 몸 된 교회를 이루시고, 인도하십니다.

(1) 세례

> **마 28:19**
>
> 그러므로 너희는 가서 모든 민족을 제자로 삼아 (아버지)와 (아들)과 (성령)의 이름으로 세례를 베풀고

Q 세례는 누가 하라고 하셨나요?

세례는 예수님의 명령으로 시작되었습니다. 예수님은 제자들에게 많은 사람들을 전도하여 세례를 베풀라고 명령하십니다. 이 명령에 따라 제자들은 복음을 전하고 세례를 베풀며 예수님의 말씀에 순종했고, 이 전통은 오늘까지 이어져오고 있습니다.

Q 그렇다면 세례란 무엇일까요?

웨스트민스터 소요리문답 94문

94문: 세례가 무엇입니까?
답: 세례는 성부와 성자와 성령의 이름 안으로 연합시키는 물로 씻는 성례입니다.
　세례는 우리가 그리스도에게 접붙여짐과 은혜 언약의 유익에 참여함과 주님의 것이 되기로 약속함을 표시하고 인칩니다.

> **하이델베르크 요리문답 70문**
>
> 70문: 그리스도의 피와 성령으로 씻겨진다는 것은 무슨 뜻입니까?
> 답: 그리스도의 피로 씻겨짐은 십자가의 제사에서 우리를 위해 흘린 그리스도의 피로 말미암아 은혜로 우리가 하나님께 죄 사함 받았음을 뜻합니다. 성령으로 씻겨짐은 우리가 성령으로 새롭게 되고 그리스도의 지체로 거룩하게 되어 점점 더 죄에 대하여 죽고 거룩하고 흠이 없는 삶을 사는 것을 의미합니다.

* 세례와 삼위 하나님의 언약

세례는 ① 죄지은 인간에게 반드시 있어야 하는 죄 씻음의 상징(딛 3:5, 행 22:16). ② 하나님께서 예수 그리스도를 통해 죄로 인한 언약의 깨어짐을 회복하시고, 다시 그의 죄를 사하시고, 하나님의 자녀되게 하시는 인침의 자리. ③ 성부, 성자, 성령의 이름에 연결되어 삼위 하나님과 다시 친밀하게 연결되는 새 언약의 체결식.

우리는 세례를 받을 때 삼위 하나님의 이름으로 세례를 받습니다.

①우리가 성부의 이름 안으로 세례를 받을 때,

성부 하나님께서는 우리와 영원한 은혜의 언약을 맺어 주심을 선언하시고 인을 쳐주십니다. 성부께서는 우리를 그분의 자녀와 상속자로 삼아주시고, 그렇기 때문에 우리에게 모든 좋은 것을 내려주시고, 모든 악은 피하게 하여 주시거나 합력하여서 선을 이루도록 하여 주실 것을 약속하십니다.

②우리가 성자의 이름 안으로 세례를 받을 때,

성자 하나님께서는 그분의 보혈로서 우리의 죄를 모두 씻어서 정결케 하시고 우리를 그분의 죽음과 부활에 연합시켜 주심을 약속하십니다.

그리하여 우리는 우리의 죄로부터 해방을 받고 하나님 앞에서 의롭다고 여김을 받습니다. (행 2:38, 롬 6:4; 골 2:12; 요일 1:7)
③또한 성령의 이름 안으로 세례를 받을 때,
성령께서 우리 안에 거하셔서 우리를 그리스도의 살아있는 지체로 만드신다는 것을 믿습니다. 우리는 성령의 전입니다.

성령께서는 그리스도의 은혜를 실제로 누리게 하셔서 죄 사함을 얻고 새로운 삶을 살게 하십니다. 그리스도께서 우리를 위하여 이루신 구원의 사실을 성령께서 알려주시기 때문에 우리는 예수님을 '주'라고 고백할 수 있습니다(고전 12:3).

이와 같이 세례는 삼위 하나님의 언약을 인치시고, 보증하시는 중요한 의식입니다.

👆 어떤 교회들은 성장해서 자신의 입으로 신앙을 고백하는 자들에게만 세례를 줍니다. 그런데 왜 개혁교회들은 유아들에게도 세례를 주나요?

과거 구약 시대에는 하나님께서 할례를 통해 많은 아이들을 그분의 언약으로 초대하셨습니다. 할례를 받는 아이들은 스스로 믿음을 고백할 수 없는 영아들이었지만 하나님께서는 그런 아이들조차도 할례를 통해 언약 안에 머물게 하십니다. 스스로는 아무것도 선택할 수 없는 연약한 아이들이지만 하나님의 전적인 은혜로 그분의 자녀가 될 수 있었던 것입니다.

이 예식이 신약 이후에는 유아 세례로 제정됩니다. 이제 아이들은 할례 없이도 세례를 통해 하나님의 언약 안에 초대받을 수 있게 되었습니다. 아이들은 부모의 믿음을 담보로 유아 세례를 받게 되고, 이 세례를 통해 하나님의 자녀로 부르심을 받습니다.

하나님의 언약을 믿는 부모들은 유아 세례를 인정하고, 하나님의 언약의 선물인 자녀들을 하나님 앞으로 데리고 나와 유아 세례를 받게 합니다. 이렇게 유아 세례는 우리가 택함받고 구원받은 것이 전적으로 하나님의 은혜와 하나님의 언약에 근거하는 것임을 믿는 개혁교회 신자들의 믿음의 의식으로 부모들이 하나님이 선물로 주신 자녀들을 믿음으로 키우겠다는 약속입니다.

> 또한 교회 공동체는 이 유아가 자신의 입으로 믿음을 고백하는 입교에 이르기까지 잘 교육해야 할 사명이 있음을 기억하는 자리이기도 합니다.

하이델베르크 요리문답 74문

74문: 유아들도 세례를 받아야 합니까?
답: 그렇습니다. 그것은 유아들도 어른들과 마찬가지로 하나님의 언약과 교회에 속하였고 또한 어른들 못지않게 유아들에게도 그리스도의 피에 의한 속죄와 믿음을 일으키시는 성령이 약속되었기 때문입니다.
그러므로 유아들도 언약의 표인 세례를 통하여 그리스도의 교회에 연합되고, 불신자의 자녀와 구별되어야 합니다. 이런 일이 구약에서는 할례를 통하여 이루어졌으나 신약에서는 그 대신 세례가 제정되었습니다.

이렇게 세례 받은 아이들은 스스로 신앙을 고백할 수 있는 나이가 될 때 입교의 자리로 나아갑니다. 유아 때 받은 세례의 의미를 스스로 깨닫고 그것을 많은 사람들 앞에서 자신의 신앙으로 고백하게 되는 것입니다. 공적으로 자신의 신앙을 고백한 사람들은 이 의미를 되새기며 성찬의 자리에 참여할 수 있게 됩니다.

웨스트민스터 소요리문답 96-97문

96문: 주님의 성찬이 무엇입니까?
답: 주님의 성찬은 그리스도께서 정하신 대로 떡과 포도주를 주고 받음으로써 그의 죽으심을 나타내 보이는 성례입니다. 주님의 성찬을 합당하게 받는 사람은 물질적이고 육신적인 태도가 아니라 믿음으로 받고 그리스도의 몸과 피에 참여하여서 주님의 모든 유익을 받고, 신령한 양식을 먹고 은혜 안에서 장성합니다.
97문: 주님의 성찬을 합당하게 받으려면 어떻게 하여야 합니까?
답: 주님의 성찬에 합당하게 참여하려는 사람은 주님의 몸을 분별하는 지식이 있는지, 주님을 양식으로 삼는 믿음이 있는지, 회개와 사랑과 새로운 순종이 있는지 스스로 살펴야 합니다. 그렇지 아니하면 합당치 않게 나아옴으로 자기에게 임할 심판을 먹고 마시게 됩니다.

이렇게 주님의 거룩한 성찬에 참여하기 위해 우리는 지금까지 교리 교육을 받고 있습니다. 그리고 믿음의 내용을 배웁니다. 그리고 더 나아가 회개와 사랑과 순종의 삶을 훈련합니다. 이렇게 우리가 준비되고 마음으로부터 깊은 회개와 감사와 순종이 일어날 때 우리는 입교의 자리로 나아갑니다.

입교를 준비하는 나는 어떠한 준비가 필요할까요?

< 입교 지원서 >

나 (   )은(는)
언약의 표인 유아 세례를 통해 그리스도의 교회에 연합되었고, 그리스도를 나의 주, 나의 하나님으로 고백합니다.
입교 교육을 통하여 부모님들께서 나의 유아 세례 때 고백하셨던 믿음의 내용을 다시 확실히 배우고 나도 하나님 앞에서, 그리고 교회의 성도들 앞에서 그렇게 신앙을 고백하는 믿음의 사람이 되기를 원하여 신청합니다.

년   월   일

서명 (   )

10과 ✡ 교 수 학 습 포 인 트

예수님을 믿음으로 하나님의 자녀가 된 성도들은 성령의 인도하심으로 말씀과 성례를 통해 참된 교회로 세워집니다. 성령님께서는 말씀으로, 또 성례로 성도들의 믿음이 자라게 하십니다.

참된 믿음에 이르기 위하여 말씀을 어떻게 대하며, 세례와 성찬을 위해 어떻게 준비해야 하는지 구체적으로 배우고, 유아 세례를 받은 청소년들은 이 은혜의 성찬에 나아가기 위해 신앙고백에 이르는 입교식을 신청하고 준비하도록 합니다.

세례·입교 예비자 교육 매뉴얼

 | 하나님 나라의 시민 된 나는 하나님을 사랑합니다.

 10과 복습

1. 세례는 무엇일까요?

(세례는 성부와 성자와 성령의 이름 안으로 연합시키는 물로 씻는 성례입니다. 세례는 우리가 그리스도에게 접붙여짐과 은혜 언약의 유익에 참여함과 주님의 것이 되기로 약속함을 표시하고 인칩니다: 웨스트민스터 소요리문답 94문)

2. 왜 우리 교회는 유아 세례를 주나요? 유아 세례를 받은 것은 나에게 어떤 의미가 있나요?

(유아들도 어른들과 마찬가지로 하나님의 언약과 교회에 속하였고, 유아들에게도 그리스도의 피에 의한 속죄와 믿음을 일으키시는 성령이 약속되었기 때문에 유아 세례를 주고, 그리스도인으로서 불신자와 구별되게 자라도록 교육합니다.

유아 세례를 받고 자라 왔다는 것은 믿음의 부모님 밑에 태어나서 하나님의 언약의 선물로서 자라왔다는 축복입니다.)

3. 하나님께서 우리의 믿음이 자라도록 교회에 주신 두 가지 은혜의

수단은 무엇일까요?

(성령님께서 말씀과 성례로 우리의 마음에 믿음을 일으키시고, 자라게 하십니다.)

 **하나님 나라의 시민 된 나는 하나님을 사랑합니다.**

* 다음 나라의 헌법 1조를 비교해봅시다! 어떤 특징들이 있나요?

< 일본 헌법 제1조 >
천황은 일본국의 상징이며, 일본 국민 통합의 상징으로서, 그 지위는 주권이 소재하는 일본 국민의 총의에 기초한다.

< 프랑스 헌법 제1조 1항 >
프랑스는 비종교적, 민주적, 사회적, 나눌 수 없는 공화국이다. 프랑스는 출신, 인종, 종교에 따른 차별 없이 모든 시민이 법률 앞에서 평등함을 보장한다. 프랑스는 모든 신념을 존중한다. 프랑스는 지방 분권으로 이루어진다.

< 미국 수정 헌법 제1조 >
연방 의회는 국교를 정하거나 또는 자유로운 신앙 행위를 금지하는 법률을 제정할 수 없다. 또한 언론, 출판의 자유나 국민이 평화로이 집회할 수 있는 권리 및 불만 사항의 구제를 위하여 정부에게 청원할 수 있는 권리를 제한하는 법률을 제정할 수 없다

< 대한민국 헌법 1조 >
① 대한민국은 민주 공화국이다.
② 대한민국의 주권은 국민에게 있고, 모든 권력은 국민으로부터 나온다.

Q 여러분이 법을 제정할 수 있는 위치에 오르게 된다면, 만약, 여러분이 헌법의 중요한 정신을 수정할 수 있는 역할을 맡게 된다면, 우리나라의 헌법에 어떠한 정신을 넣고 싶은가요? 나의 수정헌법 1조를 만들어 봅시다.

(송정의)의 대한민국 수정헌법 1조
예: 대한민국은 민주 공화국으로 모든 국민의 종교의 자유를 보장한다. 대한민국은 오랜 남과 북의 분단으로 인한 내부 분쟁과 전쟁의 긴장을 해결하고 남북의 정치 체제의 차이를 넘어 모든 경제, 의료, 학문, 문화 등의 상호 교류를 인정한다. 등등…

Q 자, 그러면, 하나님 나라의 법은 어떠할까요?

* 예수 그리스도의 구원의 은혜로 하나님 나라의 시민이 된 우리에게 요구되는 법적인 기준이 있나요?

　　　　* 미가서 6장 8절 : (주께서 보이신 선한 것 ① 정의를 행하며, ② 인자를
　　　　　사랑하며, ③ 겸손하게 네 하나님과 함께 행하는 것)
　　　　*요한1서 5장 2절 : (하나님을 사랑하고, 그의 계명들을 지키는 것)

* 사람이 마땅히 순종할 규칙으로 하나님께서 처음 나타내 보이신 것은 무엇입니까?

　　　　(창세기에서 선악을 알게 하는 나무의 열매는 먹지 말라는 명령.
　　　　출애굽기에서 구원받은 백성에게 주신 십계명)

* **십계명의 강령(요약)은 무엇입니까?**
(마태복음 22장 37-40절 예수님 말씀, 웨스트민스터 소요리문답 42문)

(십계명의 강령은 우리의 마음을 다하고 목숨을 다하고 힘을 다하고 뜻을 다하여 주 우리 하나님을 사랑하고, 또 이웃을 자기 자신같이 사랑하라는 것입니다.)

Q 출애굽기 20장 1-17절까지 읽으며 십계명의 의미를 생각해봅시다.

♥ 하나님 사랑의 법을 정리해보아요 (십계명 1-4계명, 소요리문답 참조)	
1계명	너는 나 외에는 다른 신들을 네게 있게 말지니라
의미	하나님께서 유일하고 참되신 하나님이시고 우리의 하나님이심을 알고 인정하며(이사야 45:22) 그에 합당하게 하나님을 경배하고 영화롭게 하라는 것 (시편 29:2)
나의 적용	예) 하나님 외에 내가 사랑하고 의지하던 것을 내려놓고, 하나님을 최우선순위로 모시고, 예배하겠습니다.
2계명	너를 위하여 새긴 우상을 만들지 말고, 또 위로 하늘에 있는 것이나 아래로 땅에 있는 것이나 땅 아래 물 속에 있는 것의 아무 형상이든지 만들지 말며 그것들에게 절하지 말며, 그것들을 섬기지 말라. 나 여호와는 질투하는 하나님인즉…(출애굽기 20:4-6)
의미	하나님께서 말씀으로 정해 주신 모든 경건한 예배와 규례를 받아들이고 그대로 행하여 순전하고 온전하게 지키라는 것. 하나님께서 예배를 드릴 때에 형상을 사용하거나 혹은 하나님의 말씀에서 정하여 주시지 않은 다른 방법을 조금이라도 사용하지 말라는 것. 왜냐하면 하나님께서 우리의 주권자이시고(시편 95:7), 우리의 소유주이시기(시편 100:3)에 친히 정하신 대로 경배받기를 열망하시기 때문입니다.
나의 적용	예) 하나님께서는 하나님께 집중하여 말씀을 통하여 자신을 나타내시고, 그 말씀에 순종하는 예배를 원하시므로, 말씀을 전하지 않고 다른 즐거운 것, 화려한 것을 만들어 하나님의 예배를 왜곡시키지 않겠습니다.
3계명	너는 너의 하나님 여호와의 이름을 망령되이 일컫지 말라. 나 여호와는 나의 이름을 망령되이 일컫는 자를 죄없다 하지 아니하리라

의미	하나님의 이름과 칭호와 속성과 규례(규칙)와 말씀과 행사를 존경하는 마음으로 거룩하게 사용하라는 것. 하나님의 의로운 심판이 있다는 것 기억해야 함.
나의 적용	예) 하나님의 이름을 나의 이익이나 즐거움을 위하여 잘못 사용하지 않고, 그 이름에 담긴 권위를 높이고 존중하겠습니다.
4계명	안식일을 기억하여 거룩히 지키라. 엿새 동안은 힘써 네 모든 일을 행할 것이나, 제칠일은 너의 하나님 여호와의 안식일인즉, … 아무 일도 하지 말라 이는 엿새 동안에 나 여호와가 하늘과 땅과 바다와 그 가운데 모든 것을 만들고 제칠 일에 쉬었음이라.(출애굽기 20:8-11) 그러므로 나 여호와가 안식일을 복되게 하여 그날을 거룩하게 하였느니라
의미	하나님께서 주님의 말씀으로 정하신 일정한 시간을 하나님께 거룩하게 지키는 것, 곧 7일 중 하루를 종일토록 하나님께 거룩한 안식일로 지키라는 것 (출 31:16) 예수님의 부활 이후 매주의 첫 날을 그리스도인의 안식일로 정하게 됨. 온종일 거룩하게 쉬고, 다른 날에 하던 정당한 세상일과 오락까지도 쉬고, 또한 그 모든 시간을 하나님께 공적으로나 개인적으로 예배드리는 데에 사용함으로써 안식일을 거룩하게 지키라. 안식일은 주님의 날이므로. 친히 쉬시고, 복주신 날.
나의 적용	예) 주일에 밀린 공부하는 날 삼거나, 오락으로 즐기는 날 삼았던 것을 회개하고, 하나님께 적극적으로 예배하고, 하나님을 배우며, 믿음의 공동체와 교제하고, 하나님의 이름으로 어려운 자를 돕거나 봉사하는 일들을 찾아 섬기겠습니다.

Q 십계명은 "누가", "언제", "누구에게", "왜" 주신 법인가요?

Who?	구원자 하나님 : 나는 너를 애굽 땅 종 되었던 집에서 인도하여 낸 너의 하나님 여호와이다(출애굽기 20:2)
When & Where?	출애굽 이후 시내산에서 : 하나님께서 자기 백성을 고통스러운 노예의 생활에서 놀라운 기적으로 구해내신 이후, 가나안 땅에 들어가기 전.
To whom?	모세에게 : 구원받은 백성의 대표인 모세가 하늘로부터 직접 받음

Why?	신명기 5장 31-33절, 10장 12-13절 하나님께서 자기 백성들에게 기업으로 주신 가나안 땅에 들어가 여호와 하나님을 경외하며 하나님이 주신 명령과 규례를 지켜 행함으로 복 있는 민족이 되게 하려하심.

< 적용 활동 : 일상에서 하나님 사랑하기 >

 나의 주중 하루 일과표를 그려봅시다. 나의 일과 시간표에 하나님을 위한 자리가 있는지 표시해보세요. 그리고 주일 일과표도 그려봅시다.

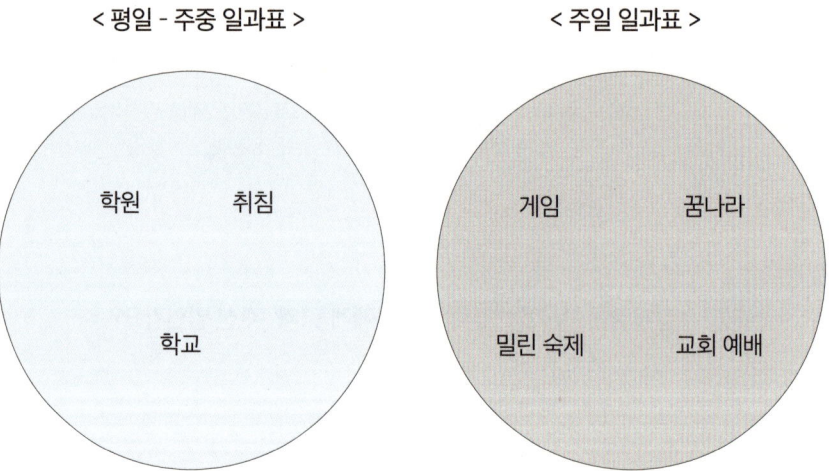

 나의 하루 일과 중에 하나님이 들어가실 자리가 얼마나 있었나요?
(큐티 시간, 주일 예배 시간 정도… 일 주일에 2시간 정도 뿐…)

사랑은 좋아하고 소중히 여기는 마음입니다.
"사랑하다"라는 동사는 한국어의 옛말 "괴다"에서 왔어요. 고이다-생각하다. 즉 사랑하면 많이 생각하게 되는 것이죠. 사랑하면 나타나는 현상들을 세 가지만 적어보세요.

1. 많은 시간을 쏟는다.
2. 만남이 기다려진다.
3. 함께 하는 시간이 즐겁다.

 나는 하나님께 예배하는 것이 기다려지고, 즐겁고, 많은 시간 하나님과 함께 보내고 있나요? 위의 사랑하는 사람이 있을 때 나타나는 현상이 하나님께 예배할 때 나타나요?
혹시 그렇지 않다면, 나는 하나님을 사랑하는 것이 맞나요?
내가 하나님을 더 많이 사랑하기 위해 나의 삶의 변화가 필요한 부분을 적어봅시다.

예) 성경 읽는 시간을 늘리고, 기도도 규칙적으로 해야겠다. 예배를 소중히 여기고, 주일을 하나님께 드리기 위해 주중에 미리미리 다른 일들을 마무리해야겠다. 등등.

사랑의 하나님,

우리를 죄로부터 구원해주시고, 자유자가 되게 하셔서 감사합니다. 하나님의 백성, 자녀 삼아주시고, 자녀다운 삶의 윤리로 십계명, 하나님 나라의 시민의 법을 주셨는데, 그 법을 지키며 사는 행복을 깨닫게 하시고, 특히 하나님이 누구신지 정확히 알아서 하나님께 그에 합당한 존경과 감사를 드리고, 하나님께 합당한 예배를 드리고, 하나님의 이름을 매일의 삶에서 높여드리는 삶이 되게 하여 주옵소서. 그리고 일주일의 시간 속에 하나님을 기억하게 하시고, 특별히 복주시는 주일, 하나님의 날에는 전심으로 마음과 시간을 드려 하나님을 만나고, 예배하고, 성경을 배우고, 주님의 몸 된 교회에서 성도들과 함께 하나님을 즐거워하고, 하나님을 기쁘시게 하는 자 되게 하여 주세요.

예수님의 이름으로 기도합니다. 아멘.

11과 ✡ 교 수 학 습 포 인 트

우리는 예수 그리스도를 믿음으로 이제 더 이상 죄의 종이 아니라 하나님의 자녀로 정체성이 변화되었습니다. 십계명은 하나님께서 하나님 나라의 시민된 구원받은 백성들에게 친히 주신 거룩한 삶을 위한 윤리, 행복을 위한 계명입니다.

특히 11과에서는 십계명의 하나님 사랑의 계명들을 웨스트민스터 소요리문답의 의미 해설을 통해 살펴보았습니다. 네 개의 계명의 하지 말 것과 적극적으로 해야 할 것들을 통해 하나님을 더 사랑하고, 행복한 삶을 살기 바랍니다.

12과 | 하나님 나라의 시민 된 나는 이웃을 사랑합니다.

 11과 복습

1. 하나님 나라의 법과 윤리는 어디에 잘 정리되어 있나요?
  (십계명)

2. 하나님 사랑의 계명들을 외워봅시다.
  (1계명 너는 나 외에는 다른 신들을 네게 있게 말지니라/ 2계명 너를 위하여 새긴 우상을 만들지 말고….3계명 너는 너의 하나님 여호와의 이름을 망령되이 일컫지 말라/ 4계명 안식일을 기억하여 거룩하게 지키라 출 20: 1-11절)

3. 주일을 거룩히 지키는 방법을 이야기해 봅시다.
  (오늘날 주일을 거룩히 지키는 방법은 예수님께서 안식일에 예배하고, 하나님 나라를 선포하시고, 아픈 자, 슬픈 자, 약한 자를 일으켜 세우시며 진정한 안식의 의미를 선포하셨던 것처럼 선한 일을 하는 것도 포함한다. 육신적 쉼과 하나님 나라의 전파를 통해 진정한 쉼을 전하는 일 모두를 지혜롭게 행하며 하나님을 기쁘시게 하며, 주님 안에서 기쁨을 누리는 것)

 **하나님 나라의 시민 된 나는 이웃을 사랑합니다.**

예수님께서는 "내 이웃을 내 몸과 같이 사랑하라"(마태복음 19:19)는 말씀으로 하나님 나라의 또 하나의 중요한 법 정신을 요약해 주십니다. 십계명에서 5계명부터 10계명에 이르는 계명들을 이웃 사랑의 법으로 묶어서 그 의미들을 생각해봅시다.

< 주원이의 마음 엿보기 >

"나는 옆집에 이사 온 녀석이 맘에 들지 않는다. 그 녀석은 고급 전동 휠을 타고 다니며 있는 폼을 다 낸다. 게다가 제일 비싼 영어 학원에 다니는데, 거기서도 Top  이다. 미국물 좀 먹었나보다. 엄마는 이 녀석과 나를 비교하며 뭐라 하신다. 나는 그 녀석이 밉다. 그래서 나는 내 친구에게 그 녀석 뒷담화를 한참하고 내 친구를 시켜서 그 녀석에게 까나리 액젓이 들어간 콜라를 전해주었다. 그리고 난 멀리서 그 콜라를 먹고 어쩔 줄 모르는 그 녀석을 바라보고 있다. ㅋㅋㅋ 나쁜 놈, 넌 고생 좀 해야 해!"

 지금 주원이는 십계명의 어떤 어떤 계명들을 위반하고 있나요?

* 출애굽기 20장 12절-17절까지 읽으며 이웃 사랑의 계명들을 생각해봅시다.

♥ 이웃 사랑의 법을 정리해 보아요(십계명 5-10계명)	
5계명	네 부모를 공경하라 그리하면 너의 하나님 나 여호와가 네게 준 땅에서 네 생명이 길리라(출애굽기 20:12)
의미	내 위에 있는 모든 권위에 합당한 순종을 하며, 공경과 사랑과 신실함을 나타내고, 그들의 약점과 부족은 인내하라. 하나님께서 그들의 손을 통해 우리를 다스리시기 때문이다.(하이델베르크 요리문답 104문, 1563년) 각각의 여러 지위와 인간의 윤리적 관계에서 각 사람의 명예를 존중하지 않고, 각 사람에 대한 의무 수행하기를 소홀히 하지 말라.(소요리문답 65문, 1647년 참조)
나의 적용	예) 하나님께서 내 위에 세우신 권위들, 부모님, 교회의 지도자들, 학교의 선생님들 등 내가 공경과 섬김을 나타내야 할 분들께 겸손히 행하기, 예의를 갖추고, 우선은 어른들이 왜 그런 말씀, 부탁 등을 하시는지 따지지 말고 존경함으로 응답하기
6계명	살인하지 말지니라(출애굽기 20:13)
의미	내 이웃의 명예를 훼손하거나 그들을 미워하거나 해치거나 죽이지 말라. 다른 사람을 시켜서도 안 된다. 살인의 뿌리가 되는 모든 시기, 증오, 분노, 복수심을 버리라. 국가는 칼로 살인을 막도록 허락하심.(하이델베르크요리문답 105-106문 참조) 모든 정당한 노력을 기울여 자기 자신의 생명과 다른 사람의 생명을 보존하라.(소요리문답 68문)
나의 적용	예) 뒷담화 하지 않고, 다른 사람의 이름을 함부로 거론하며 판단하는 이야기 하지 않기. 어떠한 이유에서든 폭력을 행사하지 않기
7계명	간음하지 말지니라(출애굽기 20:14, *데살로니가전서 4장 3-5절)
의미	마음과 말과 행동에서 자기 자신의 정조와 이웃의 성적 순결을 보존하라 (소요리문답 71문) 하나님께서는 우리의 몸과 영혼이 모두 성령의 전이므로 몸과 영혼을 순결하고 거룩하게 지키기를 원하신다.(하이델베르크 요리문답 109문)

나의 적용	예) 나의 시선, 생각, 태도 등 작은 것에서부터 다른 사람을 존중하며, 하나님이 순결하게 주신 것들을 더럽히지 않고 존중해주기. 나의 몸과 마음도 순결하게 지키기
8계명	도둑질하지 말지니라(출애굽기 20:15)
의미	자기 자신이나 다른 사람의 부와 재산을 합법하게 얻고 증진시키라.(소요리문답 74문) 이웃의 소유를 자기 것으로 삼으려고 시도하는 모든 속임수와 간계를 도둑질로 여기신다. 또한 모든 탐욕을 금하시고, 그의 선물들이 조금이라도 잘못 사용되거나 낭비되는 것을 금하신다. 하나님께서는 나의 이웃의 유익을 증진시키며, 내가 남에게 대접받고 싶은 대로 이웃에게 행하고, 더 나아가 어려운 가운데 있는 가난한 사람을 도울 수 있도록 성실히 일해야 한다.(하이델베르크 요리문답 110-111문)
나의 적용	예) 다른 사람의 물건, 시간, 음식 어떤 것이든 빼앗지 말고, 탐심을 버리며, 열심히 일하여서 나보다 더 어려운 사람을 도울 힘을 기르고 나눈다.
9계명	네 이웃에 대하여 거짓 증거하지 말지니라(출애굽기 20:16)
의미	사람 사이의 진실함과 자기 자신과 이웃의 명예를 유지하고 증진시키라는 것, 특히 증언할 때.(소요리문답 77문) 진리를 사랑하고, 정직하게 진실을 말하고 고백하며, 최대한 이웃의 명예와 평판을 보호하고 높여야.(하이델베르크 요리문답 112문)
나의 적용	예) 다른 사람을 대할 때 진실하게 대하며, 다른 사람에게 해가되는 말이나 행동을 하지 않고, 그분의 명예와 평판을 보호해 주자.
10계명	네 이웃의 집을 탐내지 말지니라. 네 이웃의 아내나 그의 남종이나 그의 여종이나 그의 소나 그의 나귀나 무릇 네 이웃의 소유를 탐내지 말지니라(출애굽기 20:17)
의미	자기 자신의 처지에 온전히 만족하며 우리 이웃과 그의 모든 소유에 대하여 정당하고 잘되기 바라는 마음을 가지라는 것(소요리문답 80문)
나의 적용	예) 남을 부러워하는 태도를 버리고, 내가 가진 것에 만족하는 마음 근육을 키우자. 감사를 훈련하고, 가진 것 안에서 기쁘게 살아가는 지혜를 배우자.

< 적용 활동 : 일상에서 이웃 사랑하기 >

 다음의 장소들에서 나는 누구와 무엇을 하나요? 그들과 나는 어떤 관계로 지내나요?

① 집　　　　② 학교　　　　③ 교회

④ 내가 자주 가는 곳:

Q 십계명을 통해 열 가지 하나님 나라의 법을 배웠습니다. 그런데 우리는 하나님 나라의 법을 온전히 지키는 시민으로 살아갈 수 있을까요?

> 아닙니다. 가장 거룩한 사람이라도 이 세상에 살 동안에는 이러한 순종을 겨우 시작했을 뿐입니다. 그러나 그들은 굳은 결심으로 하나님의 일부 계명만이 아니라 모든 계명에 따라 살기 시작합니다. (하이델베르크 요리문답 114문)

그래서 우리는 하나님의 성령의 은혜를 구하며 끊임없이 노력하고 기도합니다.

하나님, 죄가 늘 문 앞에 엎드려 기다리고 있어서 넘어지기 쉬운 연약한 우리들입니다. 그러나 말씀을 통하여 굳은 결심으로 주님을 붙듭니다. 주님의 도우심으로 하나하나 주님의 계명들을 지키며 가장 행복한 하나님 나라의 시민으로 성숙해 가길 기도합니다.

예수님 이름으로 기도합니다. 아멘.

12과 ✡ 교수학습 포인트

12과에서는 십계명의 두 번째 부분 이웃 사랑의 법들을 다룹니다. 하나님 나라의 시민된 자들은 부모 공경으로부터 시작되는 이웃 사랑의 법들을 순종하기 시작합니다. 하나님의 형상인 이웃을 존중하고, 마음으로부터 사랑하는 거룩한 법들을 지키기로 굳게 결심하고 살아갑니다. 청소년의 삶의 구체적 영역에서 만나는 사람들을 사랑하기 위한 구체적 실천 방향을 정리해보도록 합니다.

세례·입교 예비자 교육 매뉴얼

13과 | 나는 기도가 하나님이 요구하시는 감사의 행동임을 믿습니다.

 12과 복습

1. 십계명에서 말하는 이웃 사랑의 법들을 외워보세요.
   (출애굽기 20:12-17절. 5계명 부모 공경, 6계명 살인 금지, 7계명 간음 금지, 8계명 도둑질 금지, 9계명 거짓증거 금지, 10계명 탐심 금지)

2. 지난 한 주 동안에 나는 십계명의 어떤 어떤 계명들에 순종하지 못했나요? 회개의 기도문을 써 봅시다.

> 예) 부모님의 말씀을 귀찮은 잔소리로 여기고 반항했습니다(5계명 위반). 용서해 주세요. 친구를 헐뜯는 말을 했습니다(9계명 위반). 용서해 주세요. 등등.

 **나는 기도가 하나님이 요구하시는 감사의 행동임을 믿습니다.**

우리는 예수님께서 십자가에서 우리 대신 죗값을 다 치러 주셨기에 믿음으로 의롭다 함을 받고 하나님의 자녀가 되었습니다. 이제 당당한 하나

님 나라의 시민이 되었는데, 하나님께서 백성들에게 주신 십계명을 완전히 지키기에는 아직도 턱없이 부족합니다.

 그런데 왜 하나님께서는 하나님의 자녀된 우리들에게 십계명을 지키라 하시는 것일까요?

하나님께서는 우리에게 기도를 요구하십니다!

 오직 탄식하는 마음으로 쉬지 않고 구하고, 그것에 감사하는 사람에게 은혜와 성령을 주십니다. 기도는 하나님께서 우리 그리스도인에게 요구하시는 감사의 가장 중요한 부분입니다. (하이델베르크 요리문답 116문 참조)

1. 평생동안 우리의 죄악된 본성을 더욱더 알고, 그리스도 안에서만 죄용서를 구하고 의로움을 간절히 추구하도록 하기 위함입니다.
2. 이 세상의 삶을 마치고 목적지인 완전에 이를 때까지 하나님의 형상으로 더욱더 변화되기를 끊임없이 노력하고 하나님의 성령의 은혜를 구하도록 하기 위함입니다.
(하이델베르크 요리문답 115문 참조)

그러면 어떻게 기도해야 하나님께서 들으실까요?

> 1. 하나님께만, 그가 말씀에서 우리에게 구하라고 명하신 모든 것을 마음을 다하여 기도
> 2. 우리 자신의 부족과 비참함을 똑바로 철저히 깨달아 그의 엄위 앞에 겸손히 기도
> 3. 비록 우리는 받을 자격이 없는 자들이지만, 하나님께서 그의 말씀에서 약속하신 대로, 우리 주 그리스도 때문에 우리의 기도를 분명히 들어주신다는 이 확실한 근거를 가지고 기도
> (하이델베르크 요리문답 117문 참조)

그러면, 하나님께서는 우리에게 무엇을 구하라고 명하셨나요?

영혼과 몸에 필요한 모든 것을 구하라고 하셨는데, 그것은 그리스도 우리 주께서 친히 가르쳐 주신 기도에 다 담겨 있습니다. (마태복음 6:9-13, 하이델베르크요리문답 118문 참조)

♥ 주기도문의 내용을 정리해 보아요 (마태복음 6: 9-13)	
시작	하늘에 계신 우리 아버지!
관계 능력	우리의 기도의 기초, 하나님께서는 그리스도로 말미암아 우리 아버지가 되셨으므로 우리가 믿음으로 구하는 것을 절대 거절하지 않으신다. 그분은 하늘에 계신 전능하신 능력으로 우리의 몸과 영혼에 필요한 모든 것을 주실 수 있으므로 우리는 기대하며 기도할 수 있다. (하이델베르크 요리문답, 120, 121문 참조) 또한 기도는 그리스도의 몸 된 교회의 지체들로서 우리가 다른 사람과 함께 기도하고 다른 사람을 위하여 기도할 것을 가르칩니다.(소요리문답 100문 참조)
간구1	이름이 거룩히 여김을 받으시오며
	주님을 바르게 알고, 주님이 행하신 모든 일들을 거룩히 여기고, 찬송하게 하소서. 우리의 모든 삶을 지도하셔서 우리의 생각과 말과 행동을 통해 주님의 이름이 영광받고, 찬송받게 하소서.(하이델베르크 요리문답 122문 참조)
간구 2	나라이 임하옵시며

		주님의 말씀과 성령으로 우리를 통치하시사 우리가 점점 더 주님께 순종하게 하옵소서. 교회는 하나님 나라를 위해서 하나님의 말씀과 성령으로 다스리심 받는 기관이므로 주님의 교회가 보존되고, 건강하게 성장하게 하소서. 반면에 주님을 대항하고 하나님의 말씀에 반대하는 마귀와 모든 악한 의논들을 멸하여 주옵소서. 주님의 나라가 온전히 이루어져 주께서 만유의 주가 되실 때까지 말씀을 전파하고, 성례를 신실히 행하고, 이웃에게 선을 베풀고, 그들에게 회개의 메시지를 전하고 간절히 기도하게 하소서. 하나님께서 오셔서 나라를 이루어주소서. (하이델베르크 요리문답 123문 참조)
간구 3	뜻이 하늘에서 이룬 것 같이 땅에서도 이루어지이다.	
		우리가 자신의 뜻을 버리고 하나님의 뜻에 순종하게 하소서. 자신이 맡은 직분과 소명들을 즐거이 충성스럽게 행하게 하소서.(하이델베르크 요리문답 124문 참조)
간구 4	오늘날 우리에게 일용할 양식을 주옵시고	
		우리 몸에 필요한 모든 것을 내려 주시며, 그리하여 오직 주님이 모든 좋은 것의 근원임을 깨닫게 하소서. 오직 주님만 신뢰하게 하소서.
간구 5	우리가 우리에게 죄 지은 자를 사하여 준 것 같이, 우리 죄를 사하여 주옵소서	
		우리 안에 있는 주의 은혜의 증거로 인해 우리가 이웃을 용서하기로 굳게 결심한 것처럼, 그리스도의 보혈을 보시사 우리의 죄과와 여전히 우리 안에 있는 부패를 불쌍한 죄인인 우리에게 돌리지 마옵소서.(하이델베르크 요리문답 126문)
간구 6	우리를 시험에 들지 말게 하옵시며 다만 악에서 구하옵소서	
		하나님께서 우리를 지켜주셔서 우리가 죄에 이르는 시험을 당하지 않게 하시고, 시험을 당할 때에는 우리를 붙드시고 구원하여 주시기를 구합니다.(웨스트민스터 소요리문답 106문 참조)
마무리	대개 나라와 권세와 영광이 아버지께 영원히 있사옵나이다. 아멘	
송영		주님께서 가르치신 기도의 맺음말은 우리로 하여금 기도할 담력을 오직 하나님께로부터 얻고, 나라와 권세와 영광을 하나님께 돌림으로써 기도할 때에 하나님을 찬송할 것을 가르칩니다. 우리의 기도를 들어주시리라는 소원과 확신의 표시로 우리는 아멘이라고 합니다.

예수님께서 가르쳐주신 기도가 최고의 모범입니다. 그 뜻을 잘 기억하면서 주기도문으로 다 함께 기도합시다. (천천히 한 목소리로 묵상하며 기도)

> ♥ 적용 활동1 : 나의 기도 시간과 장소 정하기
> 기도 시간 : 아침 7시 (기상 후) 또는 밤 11시 (취침 전)
> 기도 장소 : 공부하는 책상 또는 잠자리 옆
>
> 중요한 기도의 제목들 : 오늘 하루의 모든 계획들 상의(아침), 하루를 지내며 잘못한 것들 회개(밤), 학업, 친구와의 관계, 가족 관계, 건강, 진로 등

👆 나만의 "기도 방석"을 만들어봅시다.

하루에 한 번 이상 하나님과 조용한 기도의 시간을 갖도록 해요. 5분, 10분 점차 하나님과 깊은 대화의 시간, 하나님의 마음을 깨닫는 시간을 마련해봅시다. 기도 방석만 있으면 어디나 기도의 자리가 될 수 있으니, 나의 기도 방석을 만들어봅시다.

* 기도의 사람 "조지 뮬러" 이야기

♥ 조지 뮬러는 일생동안 수십 만 번 이상 기도 응답을 받았습니다. 기도 응답을 적어 둔 내용이 노트로 3천 페이지가 되었습니다. 이 말은 그는 기도한 대로 모두 응답 받았다는 말입니다. 조지 뮬러는 고아원을 운영하면서 한 번도 사람에게 부탁하지 않았습니다. 그는 오직 하나님의 기도 응답으로 고아원을 운영했습니다. 조지 뮬러에게는 기도에 대한 분명한 원리가 있었습니다.

1. 조지 뮬러는 기도한 것에 대하여 분명한 믿음으로 응답을 기대한 사람입니다.
"기도한 후에 응답을 기대하는 것은 곧 믿음의 표현이므로 응답에 대한 믿음의 기대를 저버리면 그만큼 기도의 응답을 받기 어렵다."
2. 뮬러는 하나님께서 정하신 때에 그분의 방법대로 이루어 주심을 확신했습니다.
"기도할 때에 하나님의 응답 시간과 하나님의 응답 방법을 바로 이해하지 못하는 사람은 기도에 가장 낙망하기 쉬운 자이다."
3. 뮬러는 하나님 한 분만을 유일한 호소의 대상으로 삼았습니다.
"하나님 한 분 만을 유일한 도움으로 삼으면 미래에 대한 불안이나 현재의 불만이 모두 없어진다. 왜냐하면 아버지 하나님께서 친히 그의 인생을 책임져주시기 때문이다."
4. 뮬러는 기도함으로 하나님께 철저히 맡기는 삶을 살았습니다.
"자신의 생명과 자신의 문제를 송두리째 하나님께 맡길 수 있는 사람은 믿음이 큰 사람이다.
반면에 맡기지 못하는 사람은 그 대신 자신이 그 짐을 근심하며 지고 가야 한다."
5. 뮬러는 매사에 성령을 갈급히 사모했으며 유일한 인도자로 의지했습니다.
"성령의 지배를 받는 생활은 진정한 그리스도인의 삶으로 결코 세상과 마귀에게 지배당하지 않는다."
6. 뮬러는 응답 받을 때까지 결단코 포기하지 않는 인내의 믿음을 소유한 사람이었습니다.
뮬러에게 인내가 없었다면 그는 아무 일도 할 수 없었을 것입니다. 뮬러가 다섯 명의 친구들을 위해서 기도한 지 1년 6개월 만에 한 친구가 회심했고, 5년 후에 한 명이 더 회심했고, 6년 만에 세 번째 친구가 회심했고, 뮬러가 죽기 1년 전인 24년 만에 네 번째 친구가 회심했습니다. 뮬러가 죽은 후 몇 달 만에 마지막 친구가 회심했는데 그 기도는 52년 동안 계속된 것이었습니다.

13과　✡　교 수 학 습　포 인 트

십계명을 공부하고, 하나님 나라의 시민으로서 계명을 지키는 삶을 살고자 할 때 우리는 우리의 부족함을 더욱더 발견하게 됩니다. 계명은 우리를 기도로 인도합니다. 구원받은 하나님의 백성들은 감사의 열매로 선행과 기도의 삶을 살아갑니다. 기도가 무언가를 얻기 위한 간구만이 아니라, 아버지 하나님을 인정하고, 감사하는 행동임을 기억하고, 모든 좋은 것을 아버지 하나님께 구하는 믿음의 청소년이 되도록 합시다.

특히 주님이 가르쳐주신 기도의 의미를 배우고, 그 간구의 내용에 따라 기도해봅시다.

14과 | 예수 믿는 나는 죽어도 영생 얻음을 믿습니다.

 13과 복습

1. 우리는 왜 기도해야 하나요?

   (평생동안 우리의 죄악된 본성을 더욱더 알고, 그리스도 안에서만 죄 용서를 구하고 의로움을 간절히 추구하도록 하기 위함입니다. 그리고 이 세상을 떠나는 날까지 하나님의 형상으로 변화되기 위하여 끊임없이 노력하고, 하나님의 성령의 은혜를 구하기 위해 기도합니다.)

2. 주님이 가르쳐주신 기도의 6가지 간구 내용을 설명해보세요.

   (마태복음 6장 9-13절. 하늘에 계신 우리 아버지께 ①하나님의 이름이 거룩히 여김 받으시도록 ② 하나님의 나라가 이 땅에 임하시도록 ③ 하나님의 뜻이 이 땅에서도 이루어지길 ④ 오늘날 우리에게 일용할 양식을 주시도록 ⑤ 죄 용서 ⑥ 시험에 들지 않도록 기도)

(1-13과까지의 내용 흐름 기억하기)

 예수 믿는 나는 죽어도 영생 얻음을 믿습니다.

< 도입 질문 >

1. 나는 몇 살까지 살고 싶나요?
2. 인간은 어디에서 와서 어디로 가는 것일까요?

(흙에서 와서 흙으로 돌아갑니다.)

< 1. 예수 믿는 그리스도인들에게 "죽음"의 의미 >

1. 예수님을 믿는 사람들은 믿음으로 살아가다가 육체를 가진 인간이기에 죽음을 맞이하게 됩니다. 그런데 예수님께서 오셔서 대신 죽어 주심으로 인류의 모든 죄의 형벌을 감당하셨는데도 왜 우리는 죽어야 할까요?

(로마서 6장 23절: 인류의 원죄로 인해 죄의 삯인 사망이 이 땅에 들어오게 되었습니다.
히브리서 9장 27절 : 그래서 모든 사람에게 한 번 죽는 것은 정해진 것이고, 심판대에 서게 될 것입니다.
요한복음 5장 24절 : 그러나 예수님을 믿는 자들은 심판에 이르지 않고, 죽어도 영생함으로 옮겨집니다.)

> **하이델베르크 요리문답 42문**
>
> 42문: 그리스도께서 우리를 위해서 죽으셨는데 우리도 왜 여전히 죽어야 합니까?
>   답: 우리의 죽음은 자기 죗값을 치르는 것이 아니며,
>   단지 죄짓는 것을 그치고, 영생에 들어가는 것입니다. (요한복음 5:24)

2. 그러면 죽은 자들의 육체는 무덤에 묻히거나 최근에는 화장을 하여 가루만 남게 되는데, 예수님과 함께 부활한다는 것은 무슨 말입니까?

(요한복음 5장 25-29절 예수님이 심판주로 다시 오시는 날에 죽은 자들이 다 그의 음성을 듣고 일어나 부활할 것입니다. 선한 일을 행한 자, 곧 믿음으로 산 자들은 생명의 부활로, 악한 일을 행한 자는 심판의 부활로 다시 살아날 것입니다.)

1세기 예수님의 제자들은 많은 핍박 속에서 하나님 나라가 이 땅에 임하기를 고대하였습니다. 예수님의 제자들, 사도 바울, 신약의 많은 교회 성도들이 고난 중에서도 예수님을 믿고, 전파하며 살면서 죽음 이후에 그들이 만나게 될 천국 보좌의 예수님을 바라보았고, 소망했습니다.

< 2. 하나님 나라는 어떤 곳일까요? >

사도 요한은 예수님을 전하다가 밧모섬에 유배가게 되었고, 거기에서 죽음을 맞이하게 됩니다. 그는 성경의 마지막 책, 요한계시록에서 그 고독하고, 고통스러운 삶 중에 하나님께서 그를 위로하시기 위해, 또한 앞으로 계속해서 이 땅을 살아갈 성도들을 위해 보여주신 환상을 하나님의 명령대로 잘 기록했습니다. 우리는 이 말씀을 통해 하나님 나라의 모습을

그려볼 수 있습니다.

성경 본문: 요한계시록 21장 1-8절

> **제 21 장 새 하늘과 새 땅**
>
> 1 또 내가 새 하늘과 새 땅을 보니 처음 하늘과 처음 땅이 없어졌고 바다도 다시 있지 않더라
> 2 또 내가 보매 거룩한 성 새 예루살렘이 하나님께로부터 하늘에서 내려오니 그 준비한 것이 신부가 남편을 위하여 단장한 것 같더라
> 3 내가 들으니 보좌에서 큰 음성이 나서 이르되 보라 하나님의 장막이 사람들과 함께 있으매 하나님이 그들과 함께 계시리니 그들은 하나님의 백성이 되고 하나님은 친히 그들과 함께 계셔서
> 4 모든 눈물을 그 눈에서 닦아 주시니 다시는 사망이 없고 애통하는 것이나 곡하는 것이나 아픈 것이 다시 있지 아니하리니 처음 것들이 다 지나갔음이러라
> 5 보좌에 앉으신 이가 이르시되 보라 내가 만물을 새롭게 하노라 하시고 또 이르시되 이 말은 신실하고 참되니 기록하라 하시고
> 6 또 내게 말씀하시되 이루었도다 나는 알파와 오메가요 처음과 마지막이라 내가 생명수 샘물을 목마른 자에게 값없이 주리니
> 7 이기는 자는 이것들을 상속으로 받으리라 나는 그의 하나님이 되고 그는 내 아들이 되리라
> 8 그러나 두려워하는 자들과 믿지 아니하는 자들과 흉악한 자들과 살인자들과 음행하는 자들과 점술가들과 우상 숭배자들과 거짓말하는 모든 자들은 불과 유황으로 타는 못에 던져지리니 이것이 둘째 사망이라

1. 이전의 땅들은 없어지고 새 하늘과 새 땅이 하늘로부터 내려옵니다. 그 하나님 나라의 가장 큰 특징은 무엇일까요?

   (계 21:3 하나님이 함께 계시는 것입니다.)

2. 하나님이 우리와 함께 하시니 다시는 (사망)이 없습니다. 이제 울고 고통하는 일이 없습니다. 육체적, 정신적 (고통)도 없습니다. 죄로 인해 이 땅에 들어 온 모든 고통과 슬픔은 다 없어집니다.

3. 그리고 이 땅에 오셔서 우리와 함께 하시는 하나님께서 만물을 (새롭)
게 하십니다.

4. 처음과 마지막이신 하나님께서 구원을 (약속)하시고, 영원한 (생명)
을 주십니다.
" … 이루었도다 나는 알파와 오메가요 처음과 마지막이라 내가 생명수
샘물을 목마른 자에게 값없이 주리니"(계 21:6)

5. 그리고 하나님께서 (나)의 하나님이 되시겠다고 선포하십니다.

6. 그러나 예수님을 믿지 않는 자들은 마지막 날에 심판을 받습니다. 이
것이 둘째 사망입니다. 8절에서 둘째 사망에 들어갈 자들을 적어보세요.
(두려워하는 자들, 믿지 아니하는 자들, 흉악한 자들, 살인자들과 음행하는
자들, 점술가들과 우상 숭배자들과 거짓말하는 모든 자들)

* 그들에겐 하나님 나라의 오심은 두려운 날입니다. 심판의 날이기 때
문이죠.

Guido de Bres' Love Letter
to His Wife – Apri 1567

하나님 나라를 소망하며 순교한 네덜란드 신자들

기독교 역사상 하나님 나라를 바라고 살았던 많은 사람들이 있었습니다. 이제 **16세기 벨기에 지역에 살았던 사람들을 소개하고자 합니다**. 그들은 카톨릭 국가였던 스페인의 식민 통치하에 살고 있었습니다. 그런데 배를 타고 드나드는 사람들에 의해 칼빈주의 개신교 신앙을 전해 듣고 개신교 신자들로 개종하게 되었습니다. 벨기에 지역에 살던 사람들은 지금의 네덜란드 사람들입니다. 당시에는 한 나라였습니다. 그런데 카톨릭 신앙으로 국가를 통치하고자 했던 스페인 국왕은 이 네덜란드 개신교인들을 박해하기 시작합니다. 그들은 스페인 국왕의 통치에 반대하지 않는 성실한 시민일 뿐이었으나 개신교를 이단으로 몰아 잡아 처형했습니다. 그리하여 수많은 개신교도들이 순교하는 일이 일어났습니다.

그러한 상황 속에서 개신교 목사이자 신학자인 귀도 드브레는 그들이 믿는 바를 정리하여 1561년 벨직 신앙고백서를 작성합니다. 그리고 그 책을 스페인 국왕이 있는 궁전 안으로 던져 넣었습니다. 자신들은 스페인 국가에 저항하는 세력이 아니므로 더 이상 박해하지 말아달라고, 그리고 마지막 글에는 계속하여 신자들을 박해하면 마지막 날에 하나님의 두려운 심판이 있을 것이라는 강력한 메시지를 그들에게 선포합니다.

결국 귀도 드브레는 붙잡혀서 순교당하고, 또 그 신앙고백서를 가지고 있었던 수많은 신자들도 순교당하고 맙니다. 이때의 순교자의 수가 1세기 기독교 박해로 인한 순교자보다 훨씬 많았다고 합니다. 그러나 칼이 그 진리를 덮을 수 없었고, 그 믿음은 네덜란드 전역에 퍼져서 네덜란드는 스페인으로부터 개신교 신앙을 보호받기 위해 독립운동을 시작하게 됩니다. 그 이후 1619년 이 벨직 신앙고백서는 네덜란드 전 교회가 참된 믿음으로 세워지도록 하는 공식 신앙고백서로 채택됩니다. 하이델베르크 요리문답, 도르트 신조와 함께 가정과 학교와 교회의 신앙과 삶을 가르치는 교과서가 됩니다.

이 벨직 신앙고백서(네덜란드 신앙고백서라고도 함) 37조에 그 당시 네덜란드 개신교도들의 하나님 나라에 대한 강력한 소망이 기록되어 있습니다. 그들은 이러한 믿음이 있었기에 죽음도 감수하였던 것입니다.

그들은 이 땅에서 원수 갚지 않고 하나님께서 마지막에 심판하실 것을 믿고, 하나님의 "진노하심에" 맡겼습니다.(롬 12:19, 벧전 2:23). 죽기까지 예수님이 본을 따랐던 자들입니다.

다음의 벨직 신앙고백서 마지막 조항 37조에서 네덜란드 신자들의 재림 신앙을 살펴봅시다.

벨직 신앙고백서 37조

    끝으로 우리는 하나님의 말씀에 따라 주께서 약속하신 때가 이르고 구원받은 수가 차게 되면, 우리의 주이신 예수 그리스도께서는 마치 하늘로 승천하셨듯이, 놀라운 영광과 위엄으로 하늘로부터 이 세상에 가시적인 모습으로 강림하시되, 산 자와 죽은 자를 심판하는 심판주로, 또한 옛 세상을 불과 화염으로 사르셔서 깨끗케 하시는 분으로 오실 것을 믿는다.
    그때에는 모든 개개인, 즉 남녀노소 할 것 없이 태초부터 지금까지의 모든 사람들이 천사장의 소리와 하나님의 나팔 소리에 의해 놀라운 심판주 앞에 서게 될 것이다. 모든 죽은 자들은 무덤에서 일으킴을 받아 그 영혼과 몸이 연합되어 예전에 살던 모습으로 되어질 것이다. 살아있는 자들에 관해 볼 때, 그들은 죽은 자들과는 달리 죽음을 보지 않은 채 썩어질 모습에서 썩지 않을 빛나는 모습으로 변화될 것이다.
    그때에 죽은 자들이 이 땅 위에서 선악 간에 행한 그들의 행위를 따라 책들이 펴지고 책들이 기록된 대로 심판을 받게 될 것이다. 진실로 모든 이들은 그들이 말한 무익한 말들, 즉 오락의 말이나 농담조차 판단을 받게 될 것이며, 인간의 말한 것이나 위선조차 밝히 드러내어 보이게 될 것이다.
    따라서 심판은 악하고 불경건한 이들에게는 두렵고 떨리는 것이며 택함 받은 의인들에게는 소망과 위로가 되는 것인데, 그 이유는 그때에야 의로운 자들에게 완전한 구원이 이뤄지며 그들이 수고한 모든 노력과 상급을 받게 되기 때문이다. 또한 그들의 무죄가 모든 이들에게 알려질 것이요 사악한 자들에게 임할 하나님의 무서운 진노를 보게 될 것인데, 이 사악한 자들은 모두가 이 세상에서 무죄한 자들을 박해하고 억누르고 괴롭힌 사람들로서, 그들의 양심의 증거를 따라 심판을 받고 죽지는 아니하되 악한 자들과 악한 천사들을 위하여 예비된 영원한 불 속에서 고통을 받게 될 것이다.
    그러나 반대로, 선택된 신실한 성도들은 영광과 존귀로 관 쓰임을 받을 것이요, 하나님의 아들은 아버지와 그 택함 받은 천사들 앞에서 성도들의 이름을 밝히게 되고, 그들의 눈에서 모든 눈물이 씻기움을 받고, 이 세상에서 있을 때 많은 재판관과 통치자들에 의해 이단이요 불경스럽다고 정죄 받은 성도들의 주장이 그때에는 하나님의 아들의 주장으로 되어 질 것이다. 따라서 주께서는 은혜의 선물로서 인간의 생각으로는 도저히 해볼 수 없는 놀라운 영광을 성도들에게 내려 주실 것이다. 그러므로 우리는 우리 주 예수 그리스도 안에서 하나님의 약속을 마음껏 즐길 수 있기 위하여 이 놀라운 날을 간절한 마음으로 고대하는 바이다. 아멘. "아멘 주 예수여 오시옵소서"(계 22:20)

< 3. 벨직 신앙고백서 37조의 내용을 자세히 보고, 예수님의 재림 시 일어나는 일들을 적어보세요.>

① 모든 죽은 자들은 무덤에서 일으킴을 받아 그 영혼과 몸이 연합되어 예전에 살던 모습으로 변화됨.

② 살아있는 자들은 죽은 자들과는 달리 죽음을 보지 않은 채 썩어질 모습에서 썩지 않을 빛나는 모습으로 변화될 것.

③ 그때에 죽은 자들이 이 땅 위에서 선 악 간에 행한 그들의 행위를 따라 책들이 펴지고 책들이 기록된 대로 심판을 받게 될 것이다. 진실로 모든 이들은 그들이 말한 무익한 말들, 즉 오락의 말이나 농담조차 판단을 받게 될 것이며, 인간의 말한 것이나 위선조차 밝히 드러내어 보이게 될 것이다.

④ 그 때에야 의로운 자들에게 완전한 구원이 이뤄지며 그들이 수고한 모든 노력과 상급을 받게 되기 때문이다. 또한 그들의 무죄가 모든 이들에게 알려질 것이요.

⑤ 사악한 자들에게 임할 하나님의 무서운 진노를 보게 될 것인데, 이 사악한 자들은 모두가 이 세상에서 무죄한 자들을 박해하고 억누르고 괴롭힌 사람들로서, 그들의 양심의 증거를 따라 심판을 받고 죽지는 아니하되 악한 자들과 악한 천사들을 위하여 예비된 영원한 불 속에서 고통을 받게 될 것이다.

⑥ 그러나 반대로, 선택된 신실한 성도들은 영광과 존귀로 관쓰임을 받을 것이요, 하나님의 아들은 아버지와 그 택함받은 천사들 앞에서 성도들의 이름을 밝히게 되고, 그들의 눈에서 모든 눈물이 씻기움을 받고, 이 세상에서 있을 때 많은 재판관과 통치자들에 의해 이단이요 불경스럽다고 정죄받은 성도들의 주장이 그때에는 하나님의 아들의 주장으로 되어질 것이다. 따라서 주께서는 은혜의 선물로서 인간의 생각으로는 도저히 해볼 수 없는 놀라운 영광을 성도들에게 내려 주실 것이다.

< 4. 우리에게 영생이 있다는 것은 오늘을 사는 우리에게 무슨 유익이 있나요?>

 여러분은 영원히 살고 싶나요?

(네 or 적당히 잘 살고 싶다 등)

죽음 이후에 영생이 있다는 사실은 크리스천으로서 우리가 어떻게 살아야하는지 그 방향성을 제시합니다. 그리고 우리가 누구인지 그 정체성을 명확히 알려줍니다.

* 빌립보서 3장 20절: (우리의 시민권은 하늘에 있다. 그래서 우리는 하늘로부터 구원하는 자 예수 그리스도가 다시 오심을 기다린다.)

> 하이델베르크 요리문답 58-59문
>
> 58문: "영원한 생명"은 당신에게 어떠한 위로를 줍니까?
> 답: 내가 이미 지금 영원한 즐거움을 마음으로 누리기 시작한 것처럼(요 17:3), 이 생명이 끝나면 눈으로 보지 못하고 귀로도 듣지 못하고 사람의 마음으로도 생각지 못한 완전한 복락을 얻어 하나님을 영원히 찬양할 것입니다.
> 59문: 이 모든 것(사도신경)을 믿는 것이 당신에게 지금 어떤 유익을 줍니까?
> 답: 그리스도 안에서 나는 하나님 앞에 의롭게 되며 영원한 생명의 상속자가 됩니다. (롬 1:17)

 옆 사람과 자신들이 기대하는 하나님 나라의 모습을 나누어보세요.

(공부 경쟁, 시기, 질투 없고, 가난이나 불평등이 없는 나라. 하나님이 함께 하시므로 평화와 사랑의 나라, 사랑으로 서로 세워주는 나라, 모든 것이 풍성하여 마음이 넉넉한 사람들이 모인 나라 등)

오늘 배운 믿음의 내용을 한 문장으로 정리해봅시다.

예) 예수 믿는 자들의 축복은 죽어도 영원한 생명이 있다는 것입니다. 우리는 하나님과 영원히 함께 할 그 하나님 나라를 기다립니다.

하나님 나라를 소망하며 드리는 기도

예) 사랑의 하나님, 이 땅에는 질병과 재난과 불평등, 폭력이 늘 우리를 위협합니다.
사람과 사람 간의 불신과 미움과 속임, 경쟁으로 지쳐있고, 자연은 인간의 죄악으로 손상되어 다시 인간에게 위협적인 존재가 되어갑니다. 기후가 변화되고, 생태계 파괴로 인하여 무서운 바이러스가 인간을 공격합니다.
엄청난 속도로 발전하는 과학 기술과 4차 산업 혁명 시대, 인공 지능 시대, 인터넷 연결망으로 세계의 모든 정보를 같은 시간 안에 공유할 수 있는 놀라운 빅 데이터를 사용하는 시대 등 하늘 높은 줄 모르고 쌓아만 가는 바벨탑 위에서 인간의 교만은 극에 달해 있습니다.
하나님, 우리는 그러한 변화 속에서도 수천 년 동안 하나님의 백성을 지켜 오신 성경의 언약을 믿고, 예수님이 다시 오셔서 우리에게 영생을 주시고, 새롭게 하실 새 하늘과 새 땅을 기대합니다.

아멘, 주 예수여 오시옵소서. 우리는 선하신 주님이 다스리시는 그 나라를 기다립니다.

14과 ✣ 교수학습 포인트

청소년들에게 죽음은 아직 멀게 느껴질 수도 있지만, 한편 주변의 아프신 분들과 돌아가신 분들, 인터넷에서 나오는 사고, 사망 소식에 두려움이 있는 경우도 있습니다.

믿음으로 구원을 받고, 계명을 지키며, 기도하며 살아가는 신자들에게도 죽음은 찾아옵니다. 그러나 신자들에게 죽음은 영생으로 가는 관문이 됨을 깨닫게 하고, 죽음 이후에도 영원한 생명이 있음을, 하나님 나라가 있음을 기억하고, 청소년기를 하나님 나라를 소망하며 살아갈 수 있도록 인도합니다.

15과 | 나는 믿음의 고백으로 성찬의 자리에 나아갑니다.

 14과 복습

1. 성경을 통해 배운 하나님 나라의 특징들을 말해보세요.
(하나님이 함께 하심, 고통과 슬픔이 없고, 모든 것이 새로워 짐 등)

2. 나는 죽으면 어떻게 되나요? 신자의 죽음 이후의 과정을 설명해 보세요.
(육체는 죽어서 무덤 속에 썩어져 있다가 예수님이 심판주로 다시 오실 때 몸이 부활하여 영혼과 하나 되어 하나님 앞에 섬. 그리고 심판대에서 예수님을 믿는 믿음을 보시고 오직 은혜로 심판을 받지 않고 영광스러운 모습으로 변화되어 하나님과 함께 영원히 살 것입니다.)

< 지금까지의 입교 교육 과정을 정리해봅시다. >

 우리가 믿는 바는 무엇입니까?

- ♥ 우리는 하나님이 온 세상을 창조하셨고, 나도 하나님 형상으로 창조하셨음을 믿습니다.
- ♥ 우리는 그 하나님을 성경을 통해 알 수 있고, 성경이 하나님의 말씀임을 믿습니다.
- ♥ 우리는 성경을 통해 하나님을 만나고 하나님의 뜻을 알게 됩니다. 성경이 알려주시는 하나님은 삼위일체로 우리와 언약을 맺으시고 우리를 구속하시는 분이심을 믿습니다.
- ♥ 우리가 인류의 시조 아담과 하와의 범죄 이후 날 때부터 죄인이며, 지금도 계속해서 하나님의 뜻에 불순종하는 죄인임을 깨닫고 회개합니다.
- ♥ 공의로우시나 사랑이 많으신 하나님께서는 인간의 죄로 깨어진 하나님과 인간의 관계를 회복하시기 위해 중보자로 예수님을 이 땅에 보내주셨음을 믿습니다.
- ♥ 참인간으로 이 땅에 오신 중보자 예수님은 우리 대신 죄의 형벌을 감당하기 위해 십자가에 달려 죽으셨고, 참하나님이시기에 죽음의 권세를 이기시고 승리하셨습니다. 하나님께서는 순종하신 예수님을 높이셔서 부활하게 하시고, 하늘로 올리셔서 하나님 우편에 앉게 하셨습니다. 그분은 마지막 날에 다시 오셔서 이 땅을 심판하시고, 믿는 자들에게 영원한 생명을 주시는 분임을 믿습니다.
- ♥ 그리고 성령님을 우리에게 보내주셔서 우리와 함께 하시며 구원을 확신시켜 주시고, 우리의 믿음을 일으키고 자라게 하셔서 점차 거룩한 주의 자녀가 되게 하십니다.
- ♥ 하나님께서는 그리스도의 몸 된 교회를 세워주시고 성도들을 말씀과 성례와 권징으로 교육하십니다.
- ♥ 신자들은 하나님 나라의 시민들로서 하나님의 법, 십계명을 지킵니다. 이것은 하나님의 구원에 대한 감사의 행동으로 그 법은 하나님 사랑과 이웃 사랑으로 요약될 수 있습니다.
- ♥ 그러나 하나님의 율법을 완전히 지킬 수 있는 자는 하나도 없기에 우리는 주님이 가르쳐주신 기도로 날마다 은혜와 성령을 구합니다. 성령님만이 우리를 성화시켜 주실 수 있음을 믿습니다.
- ♥ 신자들도 육체의 죽음을 맞이하게 되지만, 신자의 죽음은 이 땅에서 죄 짓는 것을 마치고, 영생으로 가는 관문임을 믿습니다. 그리스도와 연합된 우리는 예수님이 영광 중에 재림하실 그 날에 부활하여 심판을 받지 않고 영생을 얻으며, 영원히 주님과 함께 왕노릇 할 것입니다. 우리는 그 하나님 나라를 소망합니다.

 **나는 믿음의 고백으로 성찬의 자리에 나아갑니다.**

< 도입 질문 >

1. **지금까지** 받았던 선물 중 가장 기뻤던 선물은?
   (어릴 때 받은 로봇, 인형, 목걸이, 신발 등등)
2. 사람들은 약혼이나 결혼의 증표로 무엇을 주나요?
   (반지)

< 세례는 언약의 표징 >

우리는 삼위 하나님의 이름으로 유아 세례를 받았습니다.

Q 성부 하나님이 우리에게 하시는 약속은 어떤 것들이 있을까요?

1. 성부의 이름으로 세례를 받을 때, 성부 하나님께서는 우리와 영원한 은혜의 (언약)을 맺어주심을 선언하고 인을 쳐주십니다.
2. 창조주 하나님은 우리를 보호하시고 (섭리)하십니다.
3. 예수님의 보혈로 말미암아 우리를 그분의 (자녀)와 (상속자) 삼아주십니다.
4. 그러므로 우리에게 모든 좋은 것을 주시고, 모든 악을 피하게 하여 주시고, 또는 합력하여 선을 이루도록 해주십니다.

Q 성자 예수님의 이름으로 세례를 받을 때 우리에게 어떤 약속을 해주시나요?

예수님께서는 우리 죄를 모두 씻어서 정결케 하시고, 우리를 그분의 (죽음)과 (부활)에 연합시켜 주셔서 죄로부터 해방되고, 하나님 앞에 의로 여기심을 받습니다.

Q 성령 하나님의 이름으로 세례를 받을 때 우리에게 주시는 약속은 무엇일까요?

성령님께서 우리 안에 거하셔서 우리를 그리스도의 살아있는 (지체)로 만드십니다. 우리는 성령님의 전입니다. 그리스도가 이루신 구원을 우리에게 적용하셔서 죄 사함을 받고 새로운 삶을 살게 하십니다. 예수님을 (주)라고 고백하게 하십니다.

세례는 바로 삼위 하나님께서 위의 언약의 내용들을 이루어주시겠다고 인쳐주시고, 보증해주시는 중요한 의식입니다. 그러므로 여러분의 부모님은 믿음으로 하나님과 성도들 앞에서 신앙을 고백하셨고, 그 믿음으로 여러분이 아기 때 이 놀라운 언약의 보증을 받게 된 것입니다. 성부와 성자와 성령의 이름과 여러분의 이름이 연결되었습니다. **하나님의 (언약)이 여러분을 끝까지 붙드실 것입니다.**

< 유아 세례는 구약의 할례에서와 같이 언약의 자손에게 주신 은혜의 표징입니다. >

유아 세례를 받은 아기는 자라서 어떠한 신앙의 과정을 밟게 되나요?

1. 가정과 교회에서의 (신앙 교육)
2. 지금까지 배워 온 신앙의 내용을 정리하며 자신의 믿음을 고백하는 시간 (입교식)
3. 그 후에 (성찬)에 참여하게 됩니다.

< 성찬 >

입교를 거쳐 믿음의 고백으로 여러분은 성찬에 참여합니다. 세례와 성찬은 예수님께서 정하신 은혜의 수단입니다. 말씀과 함께 성찬은 성도들이 구원의 확신을 얻고 믿음이 자라도록 돕습니다.

눅 22:19-20

또 떡을 가져 감사기도 하시고 떼어 그들에게 주시며 이르시되 이것은 너희를 위하여 주는 내 (몸)이라 너희가 이를 행하여 나를 기념하라 하시고 저녁 먹은 후에 잔도 그와 같이 하여 이르시되 이 잔은 내 (피)로 세우는 새 언약이니 곧 너희를 위하여 붓는 것이라

성찬은 예수님의 죽음에 앞서 시행된 식사에서 시작됩니다. 예수님은 마지막 식사 가운데 자신의 죽음을 기억하게 하시고, 이 의식이 제자들만 아니라 앞으로 모든 성도들에게 시행되길 명하셨습니다. 소요리문답은 성찬에 대해 다음과 같이 이야기하고 있습니다.

소요리문답 96문

96문: 주님의 성찬이 무엇입니까?
답: 주님의 성찬은 그리스도께서 정하신 대로 떡과 포도주를 주고 받음으로써 그의 죽으심을 나타내 보이는 성례입니다. 주님의 성찬을 합당하게 받는 사람은 물질적이고 육신적인 태도가 아니라 믿음으로 받고, 그리스도의 몸과 피에 참여하여서 주님의 모든 유익을 받고 신령한 양식을 먹고 은혜 안에서 장성합니다.

Q 하나님은 설교를 통해 말씀을 선포하게 하셨는데, 왜 또 성찬을 행하라 하셨을까요?

(성찬은 하나님의 눈높이 교육: 하나님께서는 말씀으로 교육하시고, 성례를 통해 눈으로 보고, 입으로 먹으며 확실히 경험하게 하십니다.)

Q 성찬은 1년에 몇 번 거행하면 좋을까요?

(세례는 일생에 단 한번 거행함으로 언약을 인치는 것이라면, 그와 달리 성찬은 지속적으로 자주 시행하여야 합니다. 종교개혁자 칼빈은 매주 성찬을 시행했다고 합니다.)

Q 성찬식 때 떡과 포도주가 무슨 역할을 하는 것일까요?

(주님이 우리를 대신하여 죽어 주심을 기억하며 그리스도의 몸과 피에 참여합니다. 한 떡과 한 잔의 포도주를 함께 먹고 마시며 그리스도를 머리로 하나 된 교회 공동체를 경험합니다. 이 그리스도의 몸과 피를 상징하는 떡과 포도주가 내 안에 들어와 그리스도와의 연합을 경험합니다. 이렇게 성찬을 통하여 주님과 연합된 자로 그리스도가 이루신 모든 유익을 받고 신령한 양식 삼아 믿음이 자라게 합니다.)

Q 우리가 집에서 빵과 포도주를 먹는 것과 성찬식에서 빵(떡)과 포도주를 마시는 것은 무엇이 다를까요? 그 차이들을 이야기해보세요.

1) 성찬식은 주님이 하라고 명하신 구별된 의식이다.
2) 믿음으로 모인 공동체인 교회에서 목사의 손에 의해 시행되어야 한다.
3) 떡과 포도주를 먹고 마시는 의미를 성경 말씀으로 정확히 선포하고, 설명되어야 한다.
4) 예수 그리스도의 죽으심을 기억하며 그리스도와의 연합을 체험하는 은혜의 자리다.
5) 성령님께서 역사하셔서 믿음으로 참여하는 성도들에게 하나님의 새 언약을 확실히 믿도록 눈으로, 입으로 체험하게 하시는 하나님의 눈높이 교육이다.
6) 함께 참여하는 성도들 간에도 그리스도의 몸의 지체로 하나 됨을 체험하는 시간이다.

 성찬에서 말씀과 성령의 역할

성찬식에서는 성찬과 관련된 '말씀'이 먼저 선포되고 그것을 듣고 믿을 때 은혜를 받을 수 있습니다. 따라서 성찬에 참여하는 자들에게는 '믿음'이 중요합니다.
이 믿음의 역사는 성령께서 주관하십니다. 성령님은 성례(세례와 성찬)를 통해 우리의 믿음을 지탱시키고, 양육시키며, 확증시키고, 증진시킵니다.[1] '표징'을 통해 주어지는 의미들을 '말씀'으로 가르치시고 우리의 마음을 열어 믿음을 자라게 하시는 것입니다.

성령님의 역사를 통해 우리는 세례 시에 옛사람이 죽고 그리스도와의 연합된 새사람이 되었음을 경험하고, 계속하여 성찬을 행함으로 그리스도와 연합된 자임을 기억하고, 확증합니다. 비록 우리가 먹고 마시는 떡과 포도주가 실제 예수님의 몸과 피는 아니지만, 이 상징적인 수단을 통해 여전히 내가 예수님과 하나 되어 있음을 깨닫고 결단하며 하나님의 은혜 안에 머물러 있음을 감사할 수 있습니다.

---

1 문병호, 『30주제로 풀어쓴 기독교강요』, (서울: 생명의 말씀사, 2013), 305.

이제 입교 교육을 마무리합니다. 우리의 머리로 배운 지식들, 믿음의 내용들이 마음으로 믿어지고, 입으로 고백되는 중요한 과정들이 남았습니다. 우리는 무엇을 공적으로 고백(Profession of Faith)할까요?

〈 다 함께 드리는 기도 〉

아브라함과 언약을 맺으시며 "내가 내 언약을 나와 너 및 네 대대 후손 사이에 세워서 영원한 언약을 삼고 너와 네 후손의 하나님이 되리라"고 말씀하신 하나님,

우리를 삼위 하나님의 언약으로 묶어주시고, 이 놀라운 구원의 은혜를 주심에 감사합니다. 이제 입을 열어 하나님께 감사하며, 모든 성도들 앞에, 주님이 나의 주 나의 하나님이심을 고백하게 하여 주옵소서. 지금까지 배운 모든 것들이 믿어지는 은혜를 주옵소서. 이 교육의 과정에 참여한 모든 사람들이 믿음으로 주님께 반응하도록 은혜 주옵소서.
예수님의 이름으로 기도합니다. 아멘.

입교 문답까지 남은 시간 동안에 지금까지 배운 내용들을 나의 신앙고백문으로 정리해봅시다. 그리고 믿음을 고백하는 교회의 공적 의식에 나아가는 나의 결심을 적어보세요.

참 고

참된 믿음에 대한 요리문답들 정리

제네바 요리문답

참된 믿음은 하나님의 선물인데, 참된 믿음으로 우리는 우리를 향한 하나님의 선하신 뜻을 확고히 알 수 있습니다. 하나님께서는 복음을 통하여 아버지이심을, 그리스도의 은총을 통하여 구원자이심을 증거하십니다(제네바 요리문답 18절, 111문/답).

우리 스스로 믿음을 가지려 한다면 우리의 정신은 미숙하여서 영적인 지혜를 파악할 수 없을 것입니다. 하나님보다 다른 피조물, 또는 자신을 신뢰하는 미련함에 빠지게 될 것입니다. 그러나 성령님께서 우리에게 빛을 비추어주심으로 우리 마음에 확실한 구원을 깨닫게 되고, 구원의 약속을 표시해주심으로 강한 구원의 확신을 선물해주십니다.
이러한 참된 믿음을 갖게 된 우리는 하나님 앞에서 의롭다 여기심을 받으며 이를 통하여 영원한 생명을 얻게 됩니다. 우리는 하나님께서 주신 복음의 약속을 붙잡고, 신뢰함으로 이 믿음을 통한 의를 얻는 것입니다. 하나님께서는 복음을 통하여 우리를 의롭게 하심을 믿습니다. (제네바 요리문답 112-120)

웨스트민스터 소요리문답

86문: 예수 그리스도를 믿는 믿음이 무엇입니까?
　답: 예수 그리스도를 믿는 믿음은 구원의 은혜이고, 이로써 우리는 구원을 얻으려고 복음이 전하는 예수 그리스도를 영접하고 그분만을 의지합니다.

하이델베르크 요리문답

21문: 참된 믿음은 하나님께서 그의 말씀에서 우리에게 계시하신 모든 것이 진리라고 여기는 확실한 지식이며, 동시에 성신께서 복음으로써 내 마음속에 일으키신 굳은 신뢰입니다.
곧 순전한 은혜로, 오직 그리스도의 공로 때문에 하나님께서 죄 사함과 영원한 의로움과 구원을 다른 사람뿐만 아니라 나에게도 주심을 믿는 것입니다.

59문: 이 모든 것을 믿는 것이 당신에게 지금 어떤 유익을 줍니까?
답: 그리스도 안에서 나는 하나님 앞에 의롭게 되며 영원한 생명의 상속자가 됩니다.

60문: 당신은 어떻게 하나님 앞에서 의롭게 됩니까?
답: 오직 예수 그리스도에 대한 참된 믿음으로만 됩니다.
비록 내가 하나님의 모든 계명을 크게 어겼고 단 하나도 지키지 않았으며, 여전히 모든 악으로 향하는 성향이 있다고 나의 양심이 고소하지만, 하나님께서는 나의 공로가 전혀 없이 순전히 은혜로 그리스도의 온전히 만족케 하심과 의로움과 거룩함을 선물로 주십니다.
하나님께서는 마치 나에게 죄가 전혀 없고 또한 내가 죄를 짓지 않은 것처럼, 실로 그리스도께서 나를 위해 이루신 모든 순종을 내가 직접 이룬 것처럼 여겨주십니다.
오직 믿는 마음으로만 나는 이 선물을 받습니다.

61문: 당신은 왜 오직 믿음으로만 의롭게 된다고 말합니까?
답: 나의 믿음에 어떤 가치가 있어서 하나님께서 나를 받으실 만한 것은 아니며, 오직 그리스도의 만족케 하심과 의로움과 거룩함만이 하나님 앞에서 나의 의가 됩니다. 오직 믿음으로만 이 의를 받아들여 나의 것으로 삼을 수 있습니다.

15과 ✢ 교수학습 포인트

이제 입교 교육을 마무리하며 앞의 14과 동안 배운 내용을 신앙고백으로 정리해봅니다.

그리고 하나님께서 믿음의 가정에서 태어난 아기에게 주신 유아 세례라는 언약의 표징이 이제 청소년이 되어 성경의 내용들을 통해 그 언약의 의미들을 깨닫고 마음으로부터 삼위 하나님의 구원 사역에 감사하며 예수님과 연합하여 몸 된 교회의 지체로서 살아갈 것을 다짐하며 고백하는 입교식을 준비합니다.

그리고 입교식 후에 참여하게 될 성만찬의 언약적 의미를 배웁니다. 입교식 이후로는 예수님과 연합한 청소년은 믿음으로 성찬을 받고, 그리스도의 몸과 피에 참여하여서 주님의 모든 유익을 받고 신령한 양식을 먹고 은혜 안에서 장성하게 됩니다. 이 입교식과 성만찬으로의 참여를 기대하며 자신의 마음을 담아 신앙고백을 준비합니다.

참고 문헌

강미랑. "하이델베르크 요리문답 교육을 통한 개혁주의 종말 신앙 형성."「개혁논총」30 (2014): 263-95.
_____. "개혁교회 신앙 전수를 위한 교리교수법."「개혁논총」48(2018): 177-210.
_____. "한국 교회의 입교 교육을 위한 이론적 성찰과 프로그램 개발."「한국개혁신학」68 (2020):269-309.
김재성. "하이델베르크 요리문답과 웨스트민스터 신앙고백서의 언약 사상."「한국개혁신학」40 (2013): 40-82.
김종혁 외 3인. 『어린이 세례문답집』. 서울: 대한예수교장로회 총회, 2019.
김홍연. "입교와 입교 교육에 관한 역사적 고찰, 독일 교회를 중심으로",「장신논단」22 (2004): 419-439.
노충헌. "교단별로 달라진 유아 세례 기준주의."「기독신문」(2020년 2월 4일). 6월 22일 접속. 해당 사이트 : https://www.kidok.com/news/articleView.html?idxno=205148.
대한예수교장로회 총회. 『헌법:개정판』. 서울: 대한예수교장로회총회 출판부, 2015.
독립개신교회 교육위원회 옮김. 『하이델베르크 요리문답』. 서울: 성약출판사, 2014.
독립개신교회 교육위원회 옮김. 『웨스트민스터 소요리문답』. 서울: 성약출판사, 2011.
마르틴 루터, 최주훈 옮김, 『마르틴 루터 대교리문답』. 서울: 복있는 사람, 2017.
문병호. 『30주제로 풀어쓴 기독교강요』(서울: 생명의 말씀사, 2013), 305.
박근원. "세례와 견신례의 의식적 가치."「기독교사상」35 (1991-8월): 172-81.
복음연합, 리디머장로교회 지음. 『뉴시티 교리문답 키즈』. 서울: 죠이선교회 출판부, 2018.
양승준. "청소년 신앙 형성을 위한 입교 교육 과정 연구."「기독교 교육정보」39 (2013): 161-89.
양금희. "교육의 관점에서 읽는 칼빈의 교리론."「장신논단」17(2001): 329-357.
이재현. 『구원: 삼위 하나님의 역작』. 용인: 킹덤북스, 2018.
임영택. 양승준. "현대 개신교 교회의 입교 회복을 위한 연구: 입교 예식과 교육의 역사적 전통을 중심으로."「기독교 교육정보」47 (2015): 141-70.
장신근. "미래 세대에 생명력을 불어넣는 청소년 교회 교육" 『미래 세대에 생명력을 불어넣는 기독교 교육』고원석 외 5인, (서울: 기독교 교육연구원, 2014), 233-285.
정희영 외 2인. "기독교 교리 교육에 대한 연구 동향 분석."「개혁논총」37 (2016): 232-60.
한미라 외. 『기독교 교육 개론』. 서울: 대한기독교서회, 2006, 346.
Baxter, Richard. *The Reformed Pastor*, 고성대 옮김, 『참된 목자』. 파주: CH북스(크리스천다이제스트), 2020.
Calvin, John. *Institutes of the Christian Religion*, 성서서원 편집주 편서. 『신학인을 위한 존 칼빈의 새영한 기독교강요 하』. 서울: 성서서원, 2009,

_____. *Institutes of the Christian Religion*. 원광연 옮김. 『기독교강요 하, 최종판』. 고양: 크리스챤 다이제스트, 2010.

_____. *CATECHISMUS ECCLESIAE GENEVENSIS*, 박위근/조용석 편역. 『요한네스 칼빈의 제네바 교회의 교리문답』. 서울: 한들출판사, 2010.

Deddens, Karel. *Responose to Your Baptism: A Word to Ponder for All Those Who Are Going to Celebrate the Lord's Supper*. 양태진 옮김. 『세례반에서 성찬상으로 : 공적 신앙고백 예식문 해설』. 서울: 성약, 2016.

Dingemans G. D. J, In de leerschool van hat geloof, kampan: kok, 2000.

Jessie Schut. *I believe : Getting ready to profess my faith*. Grand Rapids, Michigan: Faith Alive Christian Resources, 2004.

Kang, Mi Rang, *De Brug tussen Geloofsidentiteit en samenleving* (신앙 정체성과 사회 사이에 다리놓기-청소년 정체성 개발을 목적하는 성경 교육), 네덜란드 캄펜신학대학교 석사 논문, 2000,3.

Packer, James and Parrett, Gary. *Grounded In The Gospel*. 조계광 옮김. 『복음에 뿌리를 내려라』. 서울: 생명의말씀사, 2010.

Packer, James I. *Growing in Christ*. 김진웅 옮김. 『세례와 회심』. 서울: 아바서원, 2012.

Pleizier, Theo. Huijgen, Arnold. en te Velde, Dolf. *GEWONE CATECHISMUS : Christelijk geloof in 100 vragen en antwoorden*. Utrecht: KokBoekencentrum.nl, 2019.

Ursinus, Zacharias. *The Commentary on the Heidelberg Catechism*. 원광연 옮김. 『하이델베르크 요리문답 해설』. 고양: 크리스챤 다이제스트, 2006.

Van Dyken, Donald. *Rediscovering Catechism: The Art of Equipping Covenant Children*. 김희정 옮김. 『잃어버린 기독교의 보물 교리 문답 교육』. 서울: 부흥과 개혁사, 2012.

Verboom, Willem. "The Heidelberg Catechism: A Catechetical Tool." In *A Faith Worth Teaching: The Heidelberg Catechism's Enduring Heritage*. ed. Jon D. Payne & Sebastian Heck. Grand Rapids, Michigan: RHB, 2013.